설탕으로 보는
세계사

가와키타 미노루 지음 | 김정희 옮김

AK

일러두기

1. 이 책에 나오는 외국 지명과 외국인 인명은 국립국어원 외래어 표기법에 따랐다.

2. 본문 중에서 '역주'로 표기된 것 외에는 모두 저자의 주석이다.
   * 역주 예 : 카사바(주로 열대지방에서 구황작물로 이용되었던 것으로, 고구마처럼 생긴 덩이뿌리 식물―역주)

3. 서적 제목은 겹낫표(『』)로 표기하였으며, 그 외 인용, 강조, 생각 등은 작은따옴표를 사용하였다.
   예) 마르크스의 친구인 엥겔스가 펴낸 『영국 노동자 계급의 상태』, 스페인어로 쓰인 『초콜릿 마시는 법』, '대표 없이 과세 없다'는 슬로건

목차

프롤로그
—설탕이 가진 미스테리

사탕수수 수확(H. T. de la Beche, *Notes on Jamaica*, 1825)

사탕수수를 '짓쑵다'

"사탕수수를 짓쑵어(일본어로는 '시가무[しがむ]'. 우리말 표준어는 '짓씹다'인데 문맥을 고려해서 강원도 사투리인 '짓쑵다'로 번역하였음—역주)본 적이 있습니까?" 어느 날 제가 가르치고 있는 오사카의 대학 연구실에서 학생들에게 이렇게 질문해보았습니다. 몇몇 학생들은 "네"라고 대답했지만 나머지 학생들은 "아니요"라고 말하는 사람과 애초에 '짓쑵다'가 무슨 말인지 모르겠다는 사람으로 나뉘었습니다. 놀라서 조사해보니 '짓쑵다'라는 단어는 엄연한 오사카 사투리로 표준어가 아니라는 사실을 알게 되었습니다.

그 후 간사이關西 출신자와 그 외 지역 학생들 사이에서 이 표현을 둘러싸고 큰 논쟁이 벌어졌습니다. 사탕수수를 먹어본 경험이 있든 없든, 간사이 지방 출신들에게는 사탕수수의 경우 '짓쑵다' 이외에 다른 표현은 생각할 수 없지만 그 외의 학생들에게 사탕수수는 '씹는' 것이거나 '빨아 먹는' 것이어야 한다는 것입니다. 간사이 지방에서 자란 저에게도 추잉 껌의 'chew', 즉 '씹으면서 빨아 먹는' 것이 '짓쑵다'이므로 '씹다'만으로는 그 느낌이 와

6

닿지 않습니다.

그건 그렇고 아직 학교에도 가지 않았을 어린 시절, 아시아·태평양전쟁(제2차 세계대전의 일부로, 1941년부터 1945년까지 일본과 연합국 사이에서 벌어진 전쟁—역주)이 끝나갈 무렵에 오사카에서 살고 있던 저는 야시장에서 사탕수수를 사서 '짓씹는' 것을 최고의 즐거움 중 하나로 여겼습니다. 그런데 지금은 사탕수수를 모르는 학생들이 많다는 사실에 더욱 놀랐습니다. 안 그래도 식량이 부족했던 그 시절, 사람들은 '단' 음식에 매우 굶주려 있었기 때문에 그런 것이 커다란 즐거움이었던 것입니다.

지금은 먹고 마시는 것이 매우 풍족해져서 칼로리의 과잉 섭취로 당뇨병을 앓는 사람들이 적지 않은 데다 다이어트가 크게 유행하면서 설탕은 건강이나 미용의 적으로 여겨지고 있습니다. 그러나 이런 생각은 기아로 고통받고 있는 아프리카 등지에서는 상상도 할 수 없는 일이고, 일본에서도 이러한 현상은 매우 최근에 일어난 것입니다. 오히려 전쟁이 끝난 후 저의 어린 시절에는, 즉 겨우 50년 정도 전까지는 설탕을 얼마나 먹는가에 따라 그 국가의 생활이나 문화 수준을 알 수 있다고 말했습니다.

태어날 때부터 설탕을 싫어하는 사람은 없다

설탕 소비가 생활 수준의 기준이 된다고 생각한 데에는 또 다른 이유가 있습니다. 바로 세상의 모든 사람들이 설탕을 좋아한다는 것입니다. 뒷부분에서 이 책의 주요한 주제로 다루게 될 근대 초기에 세계에서 널리 거래된 식품—'세계 상품'이라고 부르겠습니다— 중에도, 예를 들어 커피나 차는 처음 먹었을 때는 맛있다기보다는 쓰거나 떫다고 생각하는 사람도 있었을 테고 아이들이라면 특히 그렇게 느꼈을 것입니다. 또한 같은 시대에 세계에 널리 퍼진 담배를 처음으로 피워보고는 상쾌하다고 느낀 사람은 분명히 적었을 것입니다. 술 종류도 마찬가지일 것입니다.

이에 비해서 생리학적인 이유는 아직까지 잘 알려지지 않았으나 설탕의 단맛은 아기를 포함해서 처음 먹어본 사람들이 모두 좋아합니다. 술을 좋아하는 아버지들 중에는 '단것은 싫어'라고 하는 사람도 많지만 그것은 어른이 되어 술을 자주 마시게 되면서 미각이 바뀌었기 때문입니다. 그들도 어렸을 때는 설탕을 매우 좋아했을 것입니다. 이처럼 설탕은 대부분의 사람들이 좋아해서 특히 '세계 상품'이 되기 쉬운 성격을 가지고 있었습니다.

'세계 상품'이란?

 '세계 상품'의 의미는 모직물과 면직물을 비교해보면 잘 알 수 있습니다. 일반적으로 한랭하고 목축업이 번성한 유럽에서는 중세 이후 모직물을 생산했기 때문에 유럽인이 중국이나 인도 등 아시아와 아프리카로 건너가게 되었을 때도 끊임없이 모직물을 팔려고 했습니다. 원래 유럽인이 바깥세상으로 탐험에 나선 이유 중 하나도 유럽에서 판매량이 늘어나지 않는 모직물 시장을 외부에서 개척하기 위해서였습니다.

 그러나 두꺼운 모직물은 찌는 듯이 더운 인도나 아프리카에서는 거의 받아들여지지 않았습니다. 이에 비해 얇고 세탁하기 쉬우며 선명한 색으로 프린트할 수 있는 면직물은 원래 아시아, 특히 인도가 생산의 중심지였고 아프리카와 유럽에서도 매우 인기가 있었습니다. 즉 유럽에서만 통용되었던 모직물과는 달리 면직물은 '세계 상품'이었던 것입니다.

　물론 '세계 상품'은 식품과 의류에 국한되지 않습니다. 지금으로 말하자면 석유와 텔레비전, 자동차도 전형적인 '세계 상품'입니다. 다시 말해서 그것은 아프리카 오지에서도, 히말라야에서도 사용할 만한 상품인 것입니다.

　물론 '세계 상품'이 된 중요한 상품—영어로는 'staple'이라고 합니다—을 독점할 수 있다면 확실하게 큰 이익을 얻을 수 있습니다. 그래서 16세기 이후 세계 역사는 그 시기의 '세계 상품'을 어느 나라가 손에 넣을지를 놓고 다투는 경쟁의 역사였습니다.

　게다가 지금은 자동차와 텔레비전과 같은 공업 제품과 석유 등도 중요하지만 원래 이러한 '세계 상품' 중에는 아시아와 아프리카, 아메리카의 광산이나 농장에서 얻을 수 있는 생산물들이 많았습니다. 지금의 중남미와 일본에서 생산되던 은이나 담배, 향료, 염료, 차, 커피, 고무 등이 그것입니다. 생활문화의 기본을 이루는 식물과 동물, 그것으로 만든 공예품 등은 기후와 토양의 조건으로 봐도 아시아와 아프리카, 아메리카 쪽이 훨씬 종류도 많고 양도 풍부했습니다. 그래서 특히 유럽의 여러 나라들은 이러한 아시아와 아프리카의 토지를 자국의 식민지로 만들어 다른 나라 세력들을 배제하려고 한 것입니다.

노예무역을 탄생시킨 설탕

그러한 이유로 역사를 움직여온 '세계 상품'의 가장 초기의 예로 들 수 있는 것이 바로 설탕입니다. 그래서 16세기부터 19세기에 걸쳐 세계의 정치가와 실업가들은 어떻게 하면 설탕 생산을 장악할 수 있을지, 어떻게 하면 그 유통 경로를 확보할 수 있을지를 둘러싸고 지혜를 짜냈습니다.

브라질과 카리브해의 섬들에는 설탕 생산을 위해 플랜테이션plantation이라고 불리는 대농원이 만들어졌습니다. 플랜테이션에서는 사탕수수 재배와 그 가공에만 노력을 집중하고 그 외의 활동은 전혀 하지 않았습니다. 예를 들어 곡물과 같은 기본적인 식량조차도 수입에 의존하며 오직 사탕수수만 재배했던 것입니다.

이런 플랜테이션에는 유럽 여러 나라의 자본, 그중에서도 영국의 자본이 투입되어 수천만 명의 아프리카 흑인이 이곳으로 잡혀와 노예로서 강제적인 노동을 해야만 했습니다. 백인 노동자를 쓰는 것도 고려해보았으나 싼 값에 대량의 노동력을 얻을 수 있는 방법으로 아프리카인을 데리고 오는 것을 생각해냈던 것입니다. 이런 노예무역은 당연히 억지로 끌려와 노예가 된 사람들뿐만 아니라 당연히 아프리카 사회에도 큰 상처를 남겼습니다. 이에 대해서는 나중에 다시 서술하도록 하겠습니다.

이와 관련하여 이윽고 아메리카 남부에서도 또 하나의 '세계 상품'이 된 면직물의 원료를 영국에 제공하기 위해서 아프리카 노예의 노동력을 이용한 목화 재배 플랜테이션이 퍼져나가게 되었습니다. 여러분들은 오늘날 아메리카는 물론 카리브해의 섬들과 영국에서도 많은 아프리카계 사람들이 살고 있는 이유에 대해서 생각해보신 적이 있습니까? 그것은 이처럼 유럽과 아시아·아프리카·아메리카와의 관계 사이에 긴 역사가 있었기 때문입니다.

이렇게 설탕이나 면직물과 같은 '세계 상품'은 지구상에 존재하는 인간의 배치마저 바꿔놓았습니다. 다이어트의 유행으로 오히려 설탕이 경계의 눈초리를 받게 되고 나일론이나 비닐을 비롯한 화학섬유의 등장으로 면직물이 예전처럼 중요하지 않게 된 오늘날에도 여전히 이러한 영향은 강하게 남아 있는 것입니다.

설탕과 면직물의 역사를 살펴보는 것이 근대의 세계만이 아니라 현대의 세계를 아는 데에도 매우 중요한 이유는 바로 이러한 의미가 있기 때문입니다.

약인가? 식량인가?

그런데 '세계 상품'이 된 설탕은 도대체 어디에 사용했을까요? 설탕은 원래 식품이었을까요? 식품이었다면 에너지원인 '식량'이었을까요? 아니면 단순한 조미료였을까요?

실제로 설탕에는 깜짝 놀랄 정도로 많은 용도와 '의미'가 있었습니다. 르네상스 이전에는 이슬람의 과학 수준이 유럽의 과학 수준보다 훨씬 높았는데, 설탕은 그러한 이슬람 의학에서 가장 자주 사용되는 약 중에 하나였습니다. 중세 유럽에서도 사정은 마찬가지였습니다. 설탕을 본격적으로 사용하기 시작한 16, 17세기에는 그것이 결핵 치료 등 10종류 이상의 효능을 가지고 있다고 생각했습니다.

물론 설탕은 아시아에서 수입된 후추나 향료 등과 마

찬가지로 상당히 고급스러운 조미료이기도 했습니다. 그러나 설탕, 특히 백설탕에는 뭔가 신비한 의미가 담겨 있다고 생각하여 그것을 종종 정교한 세공품으로, 국왕과 귀족의 파티나 의례에서 사용하기도 했습니다. 현재 결혼식에서 사용하는 웨딩 케이크가 그것의 잔재라고 하는 의견도 있습니다. 설탕이 원래는 매우 고가였던 이유도 그것이 성스럽게 여겨지고 권위의 상징처럼 보였기 때문일 것입니다.

그러나 설탕을 신비하게 여긴 가장 큰 이유는 역시 순백이라는 색깔 때문이었다고 생각합니다. 일본인이 정화 의식에 소금을 자주 사용해온—스모 선수가 씨름판에 소금을 뿌리는 것도 마찬가지입니다— 것도 비슷한 이유 때문일 것입니다. 순백이라는 색에서 뭔가 특별함을 느끼는 까닭은 잘 알 수 없으나 이렇게 느끼는 것은 일본인만은 아닌 듯합니다.

식품이 된 설탕

그렇지만 설탕이 대량 생산, 대량 소비의 대상이 된 것은 이런 용도 때문만은 아닙니다. 애초에 설탕을 약으로 여겼던 것도, 굉장히 신비한 것으로 여겼던 것도 공급량이 적고 진기하며 고가의 물건이었기 때문입니다.

그러나 16세기 이후, 특히 17세기 중반 이후부터 설탕의 의미와 용도는 완전히 바뀌었습니다. 즉 일부 상류계급의 식사 조미료 외에 약품이나 의례용으로 사용되었던 설탕이 에너지원이 된 것입니다. 다만 일반 식품이 된 후에도 설탕을 사용하는 방법에는 여러 가지 특징이 있었습니다. 특히 차나 커피와 결부되어 영국인들의 사교의 매개체가 되었던 시기로부터 서민의 아침 식사가 되어 문자 그대로 에너지원이 된 시대로 바뀌어가면서 그 '의미' 역시 상당히 변해갔습니다. 이것에 대해서는 이 책의 후반부에서 다시 한번 이야기하겠습니다.

제1장
유럽의 설탕은 어디에서 왔는가?

16세기의 설탕 제조

사탕수수 여행의 시작

설탕이 알려지기 전에는 각 지역에서 여러 가지 식품이 감미료로 사용되고 있었습니다. 꽃축제에서 석가모니의 불상에 뿌리는 감차甘茶 같은 것도 있었고, 유럽에서는 벌꿀이 주로 사용되었습니다. 그러나 설탕이 본격적으로 생산되어 그것이 감미료의 왕좌를 차지하게 되면서 설탕 이외의 것들은 어디까지나 보조적인 역할을 하게 되었습니다. 설탕은 압도적으로 '달았고' 대량 생산이 가능했기 때문에 다른 감미료들은 상대가 되지 않았겠지요.

그렇다면 설탕은 어디에서 얻을 수 있는 것일까요? 역사상 다양한 것들이 설탕의 원료로 사용되었습니다. 예를 들어 비교적 희귀한 것으로는 '대나무 설탕'이나 캐나다 등에서 만든 단풍 설탕이 있습니다. 캐나다 국기에 그려져 있는 '단풍' 마크는 이 '설탕 단풍(단풍과의 나무로 주로 북아메리카가 원산지임. 수액에서 설탕을 얻음—역주)'이라고 하는데 야외에서 큰 냄비에 이것을 넣고 끓이고 있는 그림을 본 사람이 있을지도 모르겠습니다(에필로그의 표지 그림 참조).

그러나 '세계 상품'이 될 만큼 대량으로 설탕을 만들 수 있는 것은 사탕수수('감자[甘蔗]'라고도 합니다)와 설탕무(비트 [beat])밖에 없습니다. 그러나 뒤에서 다시 한번 언급하듯이, 설탕무는 19세기에 유럽에서 만들어진 것이기 때문에 그때까지는 사탕수수의 독무대였습니다. 사탕수수는 열대와 아열대에 적합한 식물로 설탕의 생산지는 지구상에서 그러한 지역이어야만 했습니다.

사탕수수의 원산지는 정확하지는 않으나 지금의 인도네시아의 어딘가일 것이라고 합니다. 옛날에는 인도의 갠지스강 유역이라고 생각했습니다. 이와 관련해서 일본에는 1609년에 중국 푸젠성福建省에서 아마미오시마奄美大島(규슈 가고시마현[九州鹿児島県] 남쪽에 위치한 아마미제도 중 가장 큰 섬—역주)로 전해졌다고 합니다. 사쓰마번薩摩藩(옛 지방의 이름으로 지금의 가고시마현 서쪽 지역을 가리킴—역주)이 사탕수수의 생산을 장려하여 번의 수입원으로 만든 것은 잘 알려져 있습니다. 그 후 시코쿠에서도 와산본和三盆(산본지로[三盆白])으로 알려진 일본 특유의 상당히 좋은 품질의 설탕을 생산했습니다. 그러나 대만을 식민지로 만들어 그곳에서 플랜테이션을 경영하기 전까지는 일본의 설탕 생산량은 세계적으로 볼 때 극히 소량이었습니다.

이슬람교도를 통한 지중해로의 전파

유럽인 중에서 처음으로 설탕에 대해서 알게 된 것은 기원전 4세기에 동방으로 원정을 나가 한때 그리스에서 인도에 이르는 대제국을 건설한 알렉산더 대왕(기원전 356~기원전 323)의 병사들이라고 합니다. 병사들이 인도 북부로 들어갔을 때 '벌이 만들지 않은 딱딱한 꿀'을 발견하고 크게 기뻐했다고 합니다. 이 사건 이후 지극히 적은 양의 설탕이 대상隊商(사막 지역 등에서 무리를 지어 여행하는 상인들의 집단—역주)을 통해 유럽으로 전해졌습니다.

그러나 설탕 생산이 유럽과 그 외의 지역으로 널리 전파된 것은 이슬람교도들 덕분이었습니다. '설탕은 코란과 함께' 서쪽으로 서쪽으로 여행했던 것입니다. 7세기 초 아라비아반도에서 시작된 이슬람교는 곧 넓은 지역으로 보급되었습니다. 나중에는 동쪽으로는 인도와 인도네시아, 중국의 일부에도 전해졌고, 서쪽으로는 터키(2022년 국명을 '튀르키예'로 바꿈. 이 책의 간행 시점을 고려하여 이하 터키라고 표기함—역주)와 북아프리카에도 전해졌습니다.

이슬람교도의 진격은 거기서 멈추지 않고 8세기 초에

는 스페인을 차지하여 지중해를 석권해버립니다. 자칫하면 그들이 유럽 전체를 지배하는 것이 아닌가 했으나 결국 732년(서력)에 프랑스 왕국과의 전쟁에서 패하여 그 기세가 꺾였습니다. 그렇다고는 해도 고대 로마인들이 '우리들의 바다'라고 부르며 활발한 무역을 전개했던 지중해는 8세기에 그 북쪽 해안을 제외한 나머지 지역을 이슬람교도에게 빼앗겼습니다.

이렇게 이슬람교도가 지배했던 서방 지역에는 사탕수수 재배와 제당 기술이 계속해져 전해졌습니다. 그중에서도 사이프러스, 로도스, 크레타, 몰타, 시칠리아 등 터키에서 이탈리아에 이르는 지중해 동부 섬들에서는 사탕수수 재배가 번성하게 되었습니다. 또한 모로코 등 북아프리카와 스페인에도 사탕수수 재배가 도입되었을 것이라고 추측하고 있습니다.

사탕수수 재배에 필요한 조건

사탕수수 재배에는 적당한 강우량과 온도가 필요한 데다가 그것의 재배로 말미암아 토양의 양분이 소모되어 토지가 황폐해지기 때문에 새로운 경작지를 찾아 계속 움직여야 하는 경우도 있었습니다. 또한 사탕수수 재배와 그 가공, 즉 제당은 중노동일 뿐만 아니라 뒤에서 살펴보듯이 근대적인 공장처럼 규칙적인 집단 노동을 필요로 했기 때문에 이들 토지에서도 이미 노예 또는 노예에 가까운 강제 노동을 강요당하는 사람들이 있었다고 보입니다. 이 두 가지 특징은 앞으로 수백 년 동안 이루어지는 '사탕수수의 여행'에 계속해서 따라다니게 됩니다.

설탕과 노예제도의 악명 높은 결탁은 이미 이슬람교도가 세계 설탕 생산을 장악하고 있던 시절부터 시작되었습니다. 이집트에서는 사탕수수 재배가 시작되자 농한기여야 할 여름에도 힘든 농사 작업을 할 필요가 생겨서 농민의 연간 생활 습관, 즉 농사에 관한 연중행사가 바뀌었다고 합니다.

사탕수수가 본격적인 노예제도를 초래하고 생활 습관을 완전히 바꿔놓은 것은 이후 사탕수수가 보급된 모든 지역에서 나타난 현상입니다. 뒤에서 자세하게 설명하겠지만, 카리브해의 섬들에서는 선주민(인디오)을 대신해서 아프리카에서 잡혀온 흑인 노예들이 인구의 대부분을 차지하게 되었을 정도였습니다.

십자군과 설탕

유럽의 크리스트교도가 설탕에 대해 상당히 자세히 알게 되고 스스로 사탕수수를 재배하게 된 것은 11세기 말에 시작된 십자군 운동부터라고 합니다.

유럽 각지의 크리스트교도가 이슬람교도에게 점령된 성지 예루살렘을 되찾기 위해서 십자군에 참가했습니다. 그러나 약 2세기에 걸친 이 운동은 회를 거듭할수록 그 목적이 애매해졌습니다. 그중에는 소년 십자군도 조직되었으나 참가자의 일부는 노예로 팔려갔다고 전해집니다. 13세기 초의 제4차 십자군은 예루살렘에도 가지 않고 동로마제국의 수도였던 콘스탄티노플을 함락하여 라틴제국을 만들었습니다.

이처럼 성지 회복이라는 의미에서 볼 때 십자군 운동은 성공했다고는 할 수 없습니다. 그러나 일곱 번 이상이나 진행된 이 대원정에서 유럽인은 이슬람 세계와의 교역 루트를 만드는 데 성공했습니다. 또한 당시 자신들보다 훨씬 차원이 높았던 이슬람 세계의 문화, 특히 의학과 과학기술을 적극적으로 받아들이는 데도 성공했습니다.

서양 근대 과학의 기초는 이렇게 해서 구축되었던 것입니다. 훗날 유럽 근대의 시작을 알린 커다란 문화 운동인 '르네상스'는 이것이 계기가 되어 일어났다고도 합니다.

사탕수수 재배와 제당 기술 또한 이러한 루트로 유럽에 전해진 기술 중 하나였습니다. 즉 유럽인은 이슬람 세계에서 설탕을 조금씩 수입했을 뿐만 아니라 현지를 지배하는 동안에는—십자군이 세운 라틴제국은 그리 오래 가지는 않았지만— 그곳에서 이루어지던 설탕 생산 그 자체를 관리하고 그 기술을 마스터했던 것입니다.

그때까지 단맛이라면 꿀밖에 몰랐던 유럽인에게 설탕의 강렬한 단맛과 순백색은 왠지 신비한 것으로 보였을 것입니다. 게다가 설탕은 매우 비쌌기 때문에 신비한 느낌을 더해주었을 것입니다. 이렇게 설탕은 유럽 사회 속에서 점차 보급되어갔으나 그것은 매우 한정된 상류계급 사이에서 심지어 약품과 권위의 상징이 되어 있었습니다.

대서양 섬들의 시대와 안트베르펜 시장

그런데 이슬람교도에 의해 동쪽 지중해 섬들—사이프러스, 로도스, 크레타, 몰타, 시칠리아 등—로 전해진 설탕 생산은 15세기 말이 되자 포르투갈의 대서양 해역에 있는 섬들, 즉 마데이라제도, 카나리아제도 외에 서아프리카 기니만에 있는 상투메섬 등으로 그 중심이 옮겨갔습니다. 이 섬들의 대부분은 예전부터 와인 생산으로 알려져 있었고 지금도 와인이 주요 생산물이지만 한때는 아프리카인 노예를 이용한 사탕수수 플랜테이션을 대규모로 운영했습니다. 또한 이 섬들은 포르투갈인을 필두로 한 유럽인들의 대외 진출의 거점이 되기도 했습니다.

포르투갈은 13세기 무렵에 다른 어느 나라보다도 빨리 이슬람교도의 지배하에서 벗어나 독립국이 되었고, 15세기에는 '항해 왕자'라는 별명을 가진 엔히크Henrique 왕자의 노력으로 아프리카 서해안에 진출하여 아시아로 향해 나아가고자 했습니다. 1415년에 아프리카 북쪽 해안의 세우타를 점령한 것을 시작으로 마데이라, 아조레스제도 등 대서양 해안의 여러 섬들이 엔히크 왕자의 시

시턴 수수의 여행

태 평 양

대 서 양

아라비아해

아이슬란드

이즈미르 제국

칼레도니아
스코티아
브리타니아

스칸디나비아 반도

아가클로

해스파니올라섬
카리브해
인도제도
산살바도르섬
바베이도스섬
세인트캐서린섬
아르헨티나공화국

지베이라
구스만
잉카제국
삼프들롱
포토시
페르남부쿠
바이아
아마존강

서

베르데곶제도
기니만
송가이 제국
말리제국
시에라리온
베냉
콩고
상투메섬
케이프

아조레스제도
카나리아제도
마데이라제도
세우타
파로
리스본
크레타섬
키프로스섬
시리아
아랍비 반도

고아
콜롬보
뭄바이

맨체스터
리버풀
브리스톨
런던
노르망디
인스베르겐
브레멘
벤네치아
제노바
안트베르펜

대에 포르투갈령이 되었습니다. 1442년에는 베르데곶(아프리카 대륙 최서단을 이루는 곳—역주)까지 다다랐습니다.

여기에 덧붙이자면 포르투갈에서는 그 후에도 1488년에 바르톨로뮤 디아스Bartolomeu Diaz가 아프리카 남단에 있는 희망봉에 도착했고, 1498년에 바스쿠 다가마Vasco da Gama가 드디어 이 희망봉을 돌아 인도의 캘리컷에 도착하여 그들이 원했던 인도 항로가 열렸습니다. 또한 1500년에는 이 항로를 통해 인도로 가고자 했던 페드로 알바레스 카브랄Pedro Alvares Cabral이 표류하여 브라질에 도달했습니다.

서쪽으로 향하는 사탕수수 재배를 위한 여행은 이후에도 계속되어 좀 더 극적인 전개를 보이게 됩니다. 이 시기 이후에 이 여행을 담당한 사람은 한 손에 코란을 든 이슬람교도가 아니라 한 손에 크리스트교의 『성경』을 든 포르투갈인이었습니다. 이 대서양 섬들에서 아프리카인 노예들을 이용하여 이루어진 설탕 생산은 16세기 초에 급속하게 성장해갔습니다. 설탕은 이 무렵에 세계 경제의 중심이 될 국제시장으로 빠르게 부상한, 지금의 벨기에에 있는 안트베르펜Antwerpen(앤트워프[Antwerp])으로 집결되었고 그곳에서 유럽 각지로 팔려나갔습니다.

안트베르펜은 세계 경제의 중심이 될 시장이었기 때문에 그곳에서 상당한 양이 거래되었던 설탕은 '세계 상품'으로 불릴 만한 상태에 상당히 근접해 있었다고 볼 수 있습니다.

이 시대의 안트베르펜 시장에서는 영국산 모직물과 북유럽 발트해 지역에서 온 곡물, 포르투갈인이 아시아에서 가져온 후추와 향료 등 전 세계의 상품이 유럽 각지에서 온 상인들 사이에서 거래되면서 매우 활기를 띠고 있었습니다. 동시대의 유명한 이탈리아인 역사가가 "안트베르펜의 거래소에 가면 세계 각지의 언어를 들을 수 있다"고 감탄한 것은 이런 이유 때문입니다.

콜럼버스의 교환

초기의 설탕은 아시아에서 구할 수 있는 향료와 마찬가지로 귀중품이었습니다. 그러나 향료와는 달리 유럽인들이 자신의 손으로 플랜테이션에서 '재배'하게 되면서 그 생산량이 갈수록 늘어났습니다. 그래서 고급이기는 하지만 널리 사용되는 식품이 되어 점차 보급되어갔

콜럼버스(1446? ~1506)

습니다. 설탕은 누구나 좋아해서 거의 무한대로 '시장'이 형성되었기 때문에 이 고급 식품을 플랜테이션에서 대량으로 '재배', 즉 '생산'할 수 있다는 사실을 알게 되자 포르투갈을 비롯한 유럽의 여러 나라가 앞다투어 설탕을 생산하려고 했습니다. 이렇게 되자 설탕은 단순히 약품이나 일부 귀족들만이 사용하는 사치품에서 벗어나게 된 것입니다.

그러나 사정이 이렇게 되니 대서양의 섬들은 너무 비좁게 느껴졌습니다. 따라서 유럽 각국은 어딘가에 있을 새롭고 광대한 사탕수수 재배지를 찾게 되었습니다. 콜럼버스가 신대륙으로 향한 제2차 항해 때 사탕수수 모종을 가지고 갔던 것은 이런 사정이 있었기 때문입니다.

사탕수수는 이렇게 해서 신세계로 가게 되었는데, 콜럼버스의 신세계 '발견'(1492년)과 바스쿠 다가마가 인도로 간 항해(1498년) 이후에는 새로운 동물이나 식물의 품종이 아메리카 대륙과 아시아, 아프리카, 유럽 사이를 활발하게 이동하게 되었습니다. 그 대부분은 약과 원재료, 식량, 관상용 등의 용도로 인간이 일부러 가지고 가거나 가지고 온 것이었습니다.

설탕이 그렇듯이, 유럽인의 주식이라는 지위를 차지하며 그들의 식생활을 바꿔버린 감자와 옥수수, 토마토, 담배 등도 아메리카에서 온 것입니다. 수목 그 자체를 이식하기는 어려웠던 차의 경우는 아시아에서 수확한 찻잎을 가져왔습니다. 타피오카의 원료로 지금도 아프리카에서 중요한 식품인 카사바(주로 열대지방에서 구황작물로 이용되었던 것으로, 고구마처럼 생긴 덩이뿌리 식물—역주)는 포르투갈인이 브라질에서 아프리카 콩고로 이식한 것이었습니다. 에티오피아가 원산지였던 커피도 이렇게 기나긴 여행 끝에 인도네시아의 자바와 남아메리카의 브라질, 콜롬비아에 도착하여 플랜테이션에서 생산하게 되었습니다. 성공하지는 못했으나 영국이 태평양의 타히티섬에 있던 '빵나무(뽕나무과의 과수로 열대에서 자란다. 열매는 다른 나무의 열매와는 달리 숙성 전부터 숙성 후까지 모두 식용할 수 있다.—역주)'를 카리브 해로 옮겨 노예의 식량으로 사용하려 했던 이야기는 매우 유명합니다.

약품도, 식량도, 건축 자재도, 연료도, 거의 모든 것을 동물이나 식물을 사용하여 만들던 시대였기 때문에 금이나 은에 이어 동식물, 특히 식물을 중요하게 생각했습니다. 그래서 사람들은 항상 뭔가 새로운 '유용한 식물'이 없는지 늘 신경 쓰고 있었습니다. 17세기 초 영국의 대법관(지금의 법무부 장관)이었던 프랜시스 베이컨은 과학자로도 잘 알려져 있는데 동시에 그는 버지니아(1607년에 영국이 북아메리카에 세운 최초의 영구적인 식민지—역주)의 식민지화를 담당했던 회사에 투자한 인물이기도 합니다. 베이컨은 그의 『수필집』에서 새로운 토지에 가면 반드시 새로운 식물을 찾을 것을 권장하고 있습니다.

유럽인들이 대양을 건너 세계 각지로 나가게 된 것도 크리스트교를 전파하거나 유럽산 모직물을 팔기 위해서라기보다는 새로운 식물을 찾기 위해서라고 할 수 있습니다. 새로운 토지에서 발견한 '유용한 식물'은 사탕수수의 예가 잘 보여주듯이 본국으로 가지고 가거나 기후와 토지의 조건, 노동력이 갖춰진 좋은 장소로 옮겨 심을 필요가 있었습니다.

이와 같은 필요성 때문에 유럽 각국은 본국에도, 식민지에도 앞다투어 식물원을 만들어 연구를 진행했습니다. 17세기 말에 네덜란드인이 아프리카 남단의 케이프(희망봉) 식민지에 만든 것이 이러한 식민지 식물원의 시초라고 알려져 있습니다. 먼 훗날에는 영국인도 세인트빈센트, 자메이카 등 카리브해의 섬들이나 캘커타, 페낭 등 아시아 각지에 이와 같은 식물원을 만들어 런던의 큐 왕립 식물원Royal Botanic Gardens, Kew을 중심으로 한 식물원 네트워크를 형성했습니다.

물론 반대로 유럽에서 아메리카로 이동한 동식물도 적지 않습니다. 그중에서도 가장 중요한 것은 말이었습니다. 그러한 의미에서 서부극의 세계는 '콜럼버스의 교환'이 없었다면 성립될 수 없었던 것입니다.

이런 식으로 이 시기에 대륙 사이를 이동한 것 중에는 우연히 인간의 몸을 통해서 옮겨간 것도 있습니다. 예를 들어 아메리카 대륙에서 온 매독이나 유럽에서 아메리카 대륙으로 옮아간 인플루엔자와 같은 병도 하나의 예라고 할 수 있습니다. 유럽인이 옮긴 전염병이 카리브해의 선주민인 카리베족을 비롯한 '인디오'들의 숫자를 급격하게 감소시킨 원인이라고 알려져 있습니다.

아무튼 콜럼버스 이후로는 그때까지 알려지지 않았던 것이 아시아, 아프리카, 남북아메리카와 유럽 사이에서 널리 퍼지게 되어 여러 의미에서 세계가 하나가 되었다고 말할 수 있을 것입니다.

브라질 설탕의 시대

1493년이 되자 포르투갈은 뒤늦게 이슬람교도에게서 국토를 되찾은 스페인과 공모해서, 로마 교황을 중개자로 하여, 제멋대로 세계를 둘로 나누기로 결정했습니다. 현지 주민과는 아무런 상의도 없이 유럽의 크리스트교도가 세계의 분할을 결정하다니 이런 뻔뻔한 짓이 또 있을까요?

어쨌든 이 시기의 유럽인들은 대체로 지금의 서반구, 즉 남북아메리카—아직 그 지리에 대해서는 거의 알지 못한 상태였습니다만— 등은 스페인 것, 아프리카와 아시아의 대부분은 포르투갈령이라고 생각했습니다. 이때 결정된 경계선을 '교황 분계선'이라고 부르는데 지구가 구형이라는 사실을 겨우 알게 된 시대였기 때문에 그것이 아시아 쪽에서는 어디를 지나가는지도 확실치 않았습니다.

단 이듬해인 1494년에 포르투갈이 이 협정에 이의를 제기하며 스페인과 새롭게 토르데시야스 조약을 맺어 서반구의 경계가 약간 이동하게 되었습니다. 그 결과 중남미에서도 브라질만은 포르투갈령이 되었습니다.

이렇게 해서 포르투갈은 아시아 이외에 아프리카 서해안과 브라질을 식민지로 삼게 되었습니다. 후에 포르투갈이 대서양을 넘어서 자행했던 악명 높은 노예무역의 중심이 된 것은 이러한 사정이 있었기 때문입니다. 지금도 남아메리카의 나라들이 대부분 스페인어를 사용하고 있는데 브라질만이 포르투갈어를 공용어로 사용하고 있는 것도 같은 이유 때문입니다. 한편 스페인인은 아메리카 각지에 광대한 식민지를 가지고 있었으나 아프리카에는 거점이 없어서 포르투갈이나 영국, 프랑스 사람들에게서 노예를 살 수밖에 없었습니다.

이제 사탕수수에 관한 이야기로 돌아와서, 이미 언급했듯이 사탕수수는 '여행할' 운명을 가진 식물이기도 했습니다. 설탕을 생산하기 위해서는 그 생산지를 계속 옮겨야만 하는 두 가지 이유가 있었습니다. 즉 사탕수수를 재배하기 위해서는 명령을 잘 따르는 막대한 인원수의 노동력이 필요하다는 것과 사탕수수가 토지의 생산력, 즉 토지가 식물을 키우는 능력을 급속히 빼앗아가는 식물이라는 것입니다. 이 두 가지 조건 때문에 사탕수수 재배는 일찍부터 노예와 같은 강제 노동을 이용한 플랜테이션 형태를 갖추고 대규모로 경영되었으며, 새로운 토지와 노동력을 찾기 위해서 계속 이동해야만 했습니다.

지중해로 유입되었을 무렵부터 사탕수수 재배가 노예제도와 결부되어 있었다는 점은 이미 설명했습니다. 그러나 아메리카로 옮겨간 뒤로는 그런 경향이 더욱 강해졌습니다. 훗날 영국으로부터 트리니다드토바고가 독립하기 위해서 그 운동을 지도했고 죽을 때까지 이 나라의 총리를 역임했던 위대한 흑인 역사가 에릭 윌리엄스 Eric Williams는 '설탕 있는 곳에 노예 있다'라는 말을 남겼습니다. 트리니다드토바고는 카리브해 최남단에 위치한 국가로, 일찍이 영국의 식민지였던 시대에는 이 나라에도 예외 없이 일방적인 설탕 플랜테이션이 만들어졌습니다.

중남미에 도달한 이후에도 사탕수수 재배는 그 중심을 계속해서 옮겨갔습니다. 즉 스페인령 카리브해의 몇몇 섬에서 재배되기 시작한 사탕수수는 머지않아 브라질로 옮겨져 그곳에서 대규모로 재배되었습니다. 16세기 세계 설탕 생산의 중심은 브라질이었습니다. 노동력인 노예를 아프리카에서 얻을 수 있었던 포르투갈은 설탕 플랜테이션을 만들기 쉬웠기 때문입니다.

아시아로 진출한 포르투갈인이 일본에 설탕을 넣은 과자류를 많이 도입한 사실을 알고 계실 것입니다. 예를 들어 뿔이 잔뜩 튀어나온 파친코 구슬같이 생긴 '콘페토(별사탕)'는 포르투갈어에서 온 단어라고 합니다. 물론 카스테라에도 설탕을 사용하고 있습니다.

카리브해 시대의 시작

그러나 17세기에 들어서자 세계를 누비며 활약하기 시작한 네덜란드인들의 중개로 사탕수수는 영국령이나 프랑스령의 카리브해 섬들로 옮겨갔습니다. 영국령인 바베이도스섬과 프랑스령인 마르티니크섬은 그 전형적인 예였습니다. 진정한 의미에서 설탕이 '세계 상품'이 된 것은 이 시기부터였습니다.

그런데 왜 네덜란드인이 중개인이 된 것일까요?

오늘날의 네덜란드, 벨기에, 룩셈부르크에 해당하는 네덜란드는 원래 가톨릭의 강력한 후원자였던 스페인의 지배하에 있었으나 빌럼1세 오라네 공Willem I, William of Orange의 지휘하에 16세기 후반에는 독립운동을 시작하여 1581년이 되자 독립을 선언했습니다. 17세기 초에는 북부의 7개 주가 사실상 독립에 성공했습니다. 이것이 오늘날의 네덜란드와 거의 일치합니다.

그러나 남부, 지금의 벨기에에 해당하는 지역은 독립에 실패하여 가톨릭인 스페인이 계속 지배했습니다. 따라서 남부에 있던 안트베르펜 마을과 항구는 급속히 쇠퇴하게 되었고 많은 프로테스탄트 상인들이 북부의 암스테르담으로 도망쳤습니다. 그러자 갑자기 암스테르담이 세계 경제의 중심이 되었습니다.

암스테르담을 거점으로 한 네덜란드인들이 세계의 무역 루트를 장악하여 일본에도 빈번히 왕래한 것은 잘 알려져 있습니다. 처음에 왔던 포르투갈인과는 달리 그들은 나가사키長崎의 데지마出島에 큰 상점을 열고 에도시대江戸時代(1601~1867) 내내 일본과 무역을 했습니다. 쇄국 정책 때문에 폐쇄되어 있던 일본에는 네덜란드인이 유럽 문화를 전해주는 유일한 창구였던 것입니다. 네덜란드 인은 아시아에서 향료 생산지로 알려진 지금의 인도네시 아 각지로 진출했고 북아메리카에도 식민지를 건설했습 니다. 아메리카의 뉴욕은 원래 네덜란드인이 만든 뉴암 스테르담시가 그 기원입니다.

특히 인도네시아에서 그들은 자바의 반텐에 거점을 두 고 향료나 일본의 금 등 아시아의 부를 긁어모아서 세계 의 상업권을 손에 넣을 수 있었습니다. 이런 이유로 포르 투갈령이었던 브라질에서도 설탕 플랜테이션의 대부분 이 사실상 자금이 풍부한 네덜란드 상인들의 손에 넘어 갔다고 합니다.

제2장
카리브해와 설탕

사탕수수 수확(18세기)

해적의 바다, 카리브해

그런데 설탕이 들어오기 전의 카리브해는 어떤 지역이었을까요?

17세기 후반 이후 세계 설탕 생산의 중심이 된 자메이카의 경우에는 다음과 같은 상태였습니다. 원래 스페인령이었던 이 섬은 카리브해에서는 크기가 큰 편이었지만 선주민이었던 카리베족—아메리카 선주민은 스페인어로 '인디오'라고 하거나 영어로 '인디언'이라고 하는데 이 표현들은 모두 '인도인'이라는 의미로, 콜럼버스 시대의 유럽인이 이 토지를 인도라고 착각한 데서 유래했습니다—은 스페인인들이 가지고 온 병과 가혹한 처사에 의해 거의 사멸되었습니다. 이후에 남은 것은 그저 바위산투성이인 섬으로, 멕시코와 페루에서 호위대를 거느린 선단을 조직해서 스페인으로 향하는 은선대銀船隊를 공격하는 무법자인 해적들의 거주지가 되고 말았습니다.

16, 17세기는 세계적으로 해적이 활약했던 시대입니다. 일본에도 왜구라고 불리는 해적들이 중국 각지를 휩쓸던 시대였습니다. 유럽 각국의 정부도 자국의 선박에

특허장을 주어 적극적으로 적국의 배를 공격하는 '공인'된 해적 행위—이런 행위를 하는 배를 '사나포선私拿捕船, privateer'이라고 합니다—를 자행했습니다. 특히 영국의 사나포선 업자는 스페인인들에게 공포의 대상이었는데, 그 유명한 드레이크(프랜시스 드레이크[Francis Drake, 1540년경~1596]. 1566~67년 무렵에 카리브해를 탐험하면서 노예무역에 종사. 이때 스페인 해군의 공격을 받아 자신의 배를 잃었다. 그 후 스페인에 대한 복수심으로 스페인령의 도시들과 화물선을 습격하여 재물을 약탈했다. 이 재물들을 영국 왕실에 바쳐 작위와 훈장을 수여받았다.—역주)의 경우에는 그의 이름을 듣는 것만으로도 '우는 아이가 울음을 그친다'고 할 정도였습니다. 물론 점차 무국적자가 된 해적도 적지 않아서 카리브해에서는 그들을 '버카니어buccaneer'라고 부르게 되었습니다. 버카니어 중에는 사나운 남자들 가운데 여성들도 여러 명 섞여 있었다고 합니다.

당시 세계에서 가장 거대한 부를 쌓아놓고 있었던 배는 스페인의 은선대였으므로 이들이 해적들에게 딱 맞는 표적이 되었던 것은 너무나 당연합니다. 자메이카는 이러한 공인·비공인 해적들의 은신처였습니다. 마침 이 섬이 스페인의 카디스항으로 돌아가는 은선대의 항로에 있

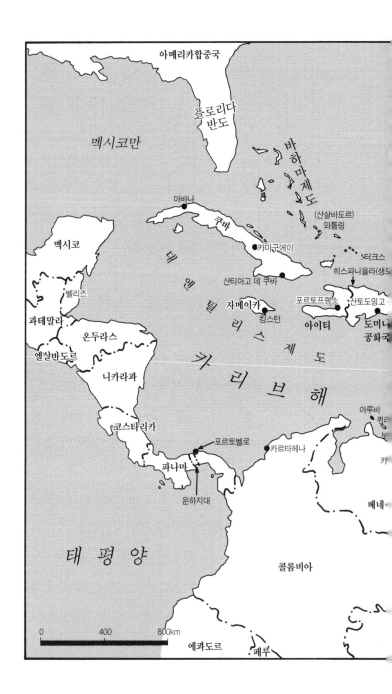

아메리카합중국

플로리다
반도

멕시코만

바하마제도

멕시코

이바나

쿠바

(산살바도르)
와틀링

벨리즈

과테말라

대

안

카미구에이

터크스

히스파니올라(생5

온두라스

산티아고 데 쿠바

자메이카

틸

리

포르토프랭스

산토도밍고

엘살바도르

킹스턴

스

아이티

도미니
공화국

니카라과

제

도

카

리

브

해

아루바

퀴라

코스타리카

포르토벨로

카

포르토벨로

카르타헤나

파나마

베네

운하지대

태 평 양

콜롬비아

0   400   800km

에콰도르

페루

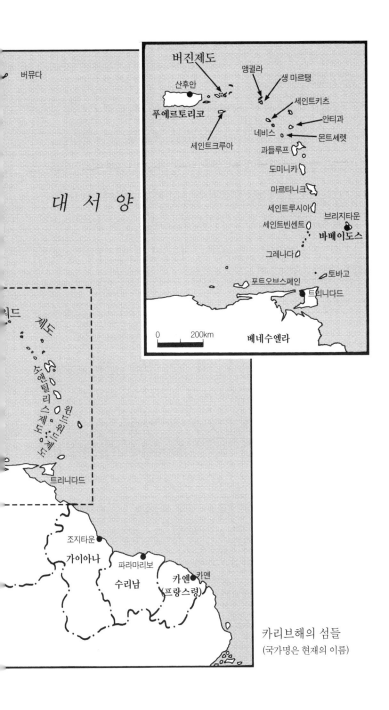

버뮤다

버진제도

산후안

푸에르토리코

세인트크루아

앵귈라

생 마르탱

세인트키츠

안티과

네비스

몬트세렛

과들루프

도미니카

마르티니크

세인트루시아

세인트빈센트

그레나다

브리지타운

바베이도스

대 서 양

릭드

제도

소앤틸리스제도

윈드워드제도

트리니다드

0   200km

포트오브스페인

트리니다드

토바고

베네수엘라

조지타운

가이아나

파라마리보

수리남

카옌

카옌
(프랑스령)

카리브해의 섬들
(국가명은 현재의 이름)

었기 때문입니다.

그런데 영국에서 국왕을 처형하고 프로테스탄트의 강력한 정부를 수립(청교도혁명)한 올리버 크롬웰Oliver Cromwell이 1655년에 이 섬으로 군대를 파견하여 점령해 버립니다. 가톨릭의 수호자였던 스페인 왕실을 깜짝 놀라게 하려는 것이 목적이었을 것입니다. 후에 영국 정부는 이 섬의 부총독으로 버카니어 출신의 헨리 모건Henry Morgan을 임명하기까지 합니다.

초기에는 카리브해에서도 자메이카 이외의 섬들에서는 오히려 금이나 은을 찾는 것이 주된 목적이었습니다. 유럽에서 온 백인들이 농사를 짓는 경우도 간혹 있었지만 이런 백인들은 대부분 빚을 지거나 하는 등의 이유로 유럽에서는 생활할 수 없게 되어 아메리카에서 새로운 운명을 개척하려고 하는 사람들이었습니다. 만약 재산을 모으게 되면 본국으로 돌아가버릴 사람들이었습니다. 이 섬들에 교회와 학교를 짓고 수도와 도로를 만들고 상점가, 병원, 경찰서, 소방서를 설치해서 모두가 풍요롭게 살 수 있도록 하겠다는 생각은 전혀 없었습니다. 크롬웰을 적대시하여 바베이도스섬이나 자메이카섬에 '유배'된 사람들도 있었으나 그런 사람들도 오로지 본국으로 돌아가는 것만을 생각하고 있었습니다.

'설탕 혁명'

그러나 보물찾기와 광산 개발에만 신경을 써서 제조업은 물론, 농업이나 어업과 같은 생산 활동도 거의 없었던 카리브해의 섬들에 17세기가 되어 사탕수수 재배가 퍼지게 되자 상황은 완전히 뒤바뀌었습니다. 이 섬들은 그 풍경부터 완전히 변해버렸습니다. 원생림과 바위산만 있던 섬들에는 광대한 플랜테이션이 개발되어 일대가 사탕수수밭이 되었습니다.

플랜테이션 사회는 다른 작물을 거의 재배하지 않고 오직 상품으로서 유럽을 중심으로 한 세계 시장에서 팔릴 물건—대부분은 단 한 가지 작물—만을 재배하는 것이 일반적이었습니다. 17세기 카리브해의 경우에는 그것이 사탕수수였습니다.

이러한 경제나 농업 방식을 '모노컬처monoculture'라고 합니다. 설탕만을 생산한 카리브해를 비롯해서 후에 목화만을 재배하게 된 아메리카 남부와 원두만을 재배하게

플랜테이션으로 뒤덮인 바베이도스섬

된 남아메리카의 여러 나라들, 차 재배를 강요당했던 실론(지금의 스리랑카), 고무나무만 무성해진 인도네시아의 일부 지역 등이 그 전형적인 예입니다. 남아프리카처럼 다이아몬드와 금 광산 개발만 진행된 곳도 넓은 의미에서는 '모노컬처'라고 할 수 있습니다.

어쨌든 카리브해에서는 목화 등도 조금은 생산되었으나 현지의 식량마저 북아메리카 등지에서 수입해오면서 오로지 사탕수수만을 재배했습니다.

이렇게 농업이 한꺼번에 바뀌고 풍경도 완전히 바뀐 결과, 이 섬들은 플랜테이션으로 뒤덮였고 그곳에 사는 사람들의 구성도 크게 바뀌게 되었습니다. 즉 이전에 많이 살고 있던 카리베족이 거의 소멸되었고 그 대신에 아프리카에서 끌려온 흑인 노예들이 인구의 대부분을 차지하게 된 것입니다.

여기에 한 장의 지도가 있습니다. 바베이도스섬의 지도인데 남쪽 해안선에 빼곡히 쓰여 있는 글자들은 모두 설탕 플랜테이션의 이름들입니다. 즉 사탕수수를 출하하기에 편리한 이 섬의 남쪽 해안선은 사탕수수 플랜테이션으로 완전히 메워진 것입니다. 이 섬을 석권한 설탕 플랜테이션의 열풍이 얼마나 대단했는지를 짐작할 수 있습니다.

이와 같은 섬에서 지배자가 된 백인들은 극히 소수였고 매우 부유해진 플랜테이션의 소유주들(플랜터[planter]라고 합니다)은 본국으로 돌아가버려 그다지 부유하지 않은 다른 백인이 감독을 맡게 되었습니다. 그 결과 카리브해는 극히 소수의 백인 감독들과 다수의 흑인 노예들로 이루어진 사회가 된 것입니다.

흑인 노예들은 고향인 아프리카에 있는 가족이나 친척, 마을 이웃들과 강제로 분리되었고 카리브해에서도 평범한 의미의 가족을 구성할 수 없었습니다.

그래도 그들은 아프리카 각지에서 온 문화를 계승하고 한정된 범위이긴 하지만 자신들의 즐거움과 문화를 만들어갔습니다. 이렇게 해서 음악을 비롯한 아프로 캐리비안afro—caribean 문화가 탄생했습니다. 부두교voodooism(서아프리카의 부족 종교를 바탕으로 성립된 것으로, 아이티를 중심으로 한 주변 지역에 널리 퍼져 있다. 자연의 여러 정령과 수호신을 숭배하는 종교—역주)라고 불리는 종교와 쿠바 스타일의 음악 등이 그 중심이 되었습니다. 이에 비해 섬의 지배자로 호화로운 생활을 누렸던 소수의 백인들의 후손으로서 섬 현지에서 태어난 세대들은 크리오요criollo(크레올)라고 불리며 베란다 등을 갖춘 콜로니얼 스타일이라는 독특한 주거 양식을 가지게 되었습니다.

이렇게 카리브해의 섬들은 늦건 빠르건, 그 풍경도, 거기에 사는 인간들의 구성도, 사회구조도, 경제 상태도 모두가 사탕수수의 도입과 함께 잇따라 바뀌어버렸습니다. 사람들이 띄엄띄엄 살고 있던 섬에서도 사탕수수 플랜테이션이 시작되자 아프리카에서 끌려온 몇만 명의 흑인 노예들이 살게 되었습니다. 이런 일련의 변화를 역사가는 '설탕 혁명'이라고 부릅니다. 초기에는 영국령인 바베이도스섬과 네비스섬이 이 혁명을 경험했고 17세기 자메이카가 대규모의 '설탕 혁명'에 돌입했습니다.

이 자메이카가 쇠퇴하기 시작한 18세기 말 이후에는 쿠바에서도 같은 일이 벌어졌습니다. 이런 카리브해 섬들의 대부분은 오늘날에도 여전히 도로나 학교, 주택, 사람들의 생활수준 그 자체가 열악한 상황으로, '개발도상국'이라고 불리는 상태입니다. 그리고 그 근원은 바로 이 '설탕 혁명'에 있습니다. 백인 플랜터들은 플랜테이션으로 얻은 이익을 유럽으로 가져갈 생각만 했기 때문입니다.

1789년에 일어난 프랑스 혁명과 그 뒤를 이은 나폴레옹 전쟁(1800~1814년, 중간에 일시적으로 강화가 성립되었던 시기도 있음)으로 프랑스 본국이 대혼란에 빠졌을 때 카리브해에서 쿠바 다음으로 큰(현재는 아이티와 도미니카공화국으로 나뉘어 있다) 히스파니올라섬—프랑스인은 생도맹그라고 부릅니다—에서 흑인들의 반란이 일어났습니다. 그 결과 1804년에 신대륙에서는 최초로 흑인 독립 국가인 아이티가 성립되었습니다.

그러나 정치적으로 독립한 나라라고 하더라도 유럽의 본국과의 경제 관계는 그다지 변하지 않았습니다. 오히려 식민지에서 독립하자 본국의 상인들이 여기에서 플랜테이션을 소유하는 것은 위험하다고 여기게 되어 경제는 더욱 악화되어갔습니다.

플랜테이션이란 무엇인가?

오로지 세계 시장에서 팔리는 '세계 상품'이 될 만한 농산물만을 생산하는 '모노컬처' 형식의 농업이 전개되어 플랜테이션이 널리 퍼지게 되자 그 생산물이 반드시 설탕이 아니더라도 아시아와 아프리카, 아메리카 어디에서나 풍경과 사회 체계, 인구밀도 등이 격변하는 현상이 비슷하게 일어났습니다. 플랜테이션은 지역의 이미지를 완전히 바꾸어, 그 결과 플랜테이션이 있던 지역의 대부분은 지금도 '개발도상국'으로 남아 있습니다. 플랜테이션이 사회나 경제 발전을 왜곡시켜 전체적인 균형을 무너뜨렸기 때문이라고 생각됩니다.

그렇다면 플랜테이션이란 도대체 어떤 것일까요? 특히 카리브해에서 전개되었던 설탕 플랜테이션에는 어떤 특징이 있었을까요?

일어사전에서 '플랜테이션'을 찾아보면 '열대·아열대 지역의 식민지에서 선주민과 흑인 노예의 값싼 노동력을 이용하여 설탕과 담배… 등의 상품 작물을 재배하는 대농장'이라고 적혀 있습니다.

실제로 역사학자들은 좀 더 넓은 의미에서, 예를 들어 그것이 식민지가 아니더라도, 또한 농장뿐만 아니라 광산의 경우에도 이 단어를 사용합니다. 여기에서 중요한 것은 대량의, 값싼, 노예와 같이 강제적으로 일을 시키는 노동자를 이용하여 '세계 시장'에 맞는 대량 생산을 하고 있다는 점입니다. 카리브해의 설탕 생산은 바로 이런 조건에 딱 들어맞았습니다.

그러나 설탕 플랜테이션은 단순히 농업을 경영했던 것

설탕 플랜테이션의 풍경
(이하 6장의 그림은 W. 클라크[Clark] 「안티구아 십경[十景]」 1823년에서 발췌)

① 사탕수수 심기 ② 사탕수수 수확

③ 사탕수수를 쪼개서 설탕즙을 짜냄 ④ 설탕즙을 졸임

⑤ 증류 후 결정화   ⑥ 선적

만이 아닙니다. 사탕수수는 수확한 후에 얼마나 단시간 안에 그것을 쪼개어 원액인 설탕즙을 짜내느냐가 중요해서 그 타이밍에 따라 수확량에 큰 차이가 생겼습니다. 따라서 설탕 플랜테이션에는 반드시 사탕수수를 쪼개서 설탕즙을 짜내기 위한 작업장이 있었습니다. 게다가 그 공정에는 굉장히 많은 힘이 필요해서 처음부터 어느 정도의 도구와 기계, 가축의 힘과 풍력 같은 동력이 사용되었습니다. 즉 설탕 플랜테이션은 단순한 농장이 아니라 반드시 간단한 공장과 같은 것들을 갖추고 있었습니다.

그런 시설은 초기에는 스페인어로 '트라피체trapiche'나 '인헤니오ingenio'라고 불리는 가축의 힘으로 즙을 짜내는 작업장이 중심이었는데 후에는 '센트럴(집중공장)'이라고 불리는 대규모의 공장으로 발전해갔습니다. 그렇지만 작열하는 토지에서 노예들은 변함없이 극심한 노동에 시달려야 했습니다.

설탕 플랜테이션은 사탕수수를 심을 때나 수확할 때 집단 노동이 필요하고, 또한 수확과 수확한 사탕수수의 운반을 되도록 짧은 시간 안에 마쳐야 했기 때문에 지각하지 않고 시간을 정확하게 지키며 일하는 노동집단이 필요했습니다.

설탕 플랜테이션의 가축 활용 공장(17세기)

사실 집단으로 일하는 것도, 시간을 정확하게 지키는 것도, 이 시대 유럽의 직공들에게는 굉장히 어려운 일이었습니다. 이 시대 유럽의 직공들은 주말에는 코가 삐뚤어지도록 술을 마시고 월요일에는 숙취로 일을 빼먹는 것을 당연히 여겼습니다. '성 월요일Saint Monday(17세기 무렵부터 형성된 관습으로 수공업자들은 월요일에 결근하는 것을 당연시했음—역주)'이라는 관습이 바로 그것입니다.

그러나 이렇게 해서는 기계를 사용하고 있는 공장들은 운영을 할 수가 없었습니다. 그래서 후에 산업혁명 시대가 되어 공장 제도가 보급되자 영국의 경영자들은 '시간은 돈이다'라는 슬로건을 내걸고 노동자들이 시간을 지키도록 하기 위해 고심했습니다. 어찌 보면 설탕 플랜테이션에서는 영국 국내보다도 더 일찍 공장 노동이 성립되었다고 할 수 있을 것입니다.

심지어 플랜테이션에는 증기기관차도 일찍부터 도입되었습니다. 사탕수수를 농장에서 항구까지 좀 더 빨리 운송하기 위한 수단으로, 승객을 실어 나르기 위한 것은 물론 아니었습니다. 어쨌든 플랜테이션은 '세계 상품'을 생산하여 플랜터의 이익을 높이기 위한 것이었기 때문에 이곳의 모든 사람과 시설은 오로지 그 목적만을 위해서 존재했던 것입니다.

플랜테이션에는 플랜터의 저택과 노예들의 가난한 집이 있었습니다. 노예들은 일단 크리스트교로 개종할 수밖에 없었습니다. 그러나 그들이 아프리카에서 믿었던 신앙이 혼합된 부두교라는 카리브해 특유의 종교도 널리 퍼져 지금까지도 이어지고 있습니다. 중남미 대륙만큼 많지는 않았지만 도망친 노예들—시마로네스라고 합니다—이 자신들만의 집단을 만들어 생활하기도 했는데 그곳에서도 특유의 문화가 자라났습니다.

플랜테이션에서 짜낸 즙은 졸이고 정제하면 갈색의 원

당原糖이 됩니다. 대부분은 이 상태로 유럽으로 보내는데, 그곳에서 다시 정제하여 순백의 설탕으로 만드는 공정을 거칩니다. 이 공정은 영국에서는 리버풀이나 브리스틀, 런던 등에서, 또한 네덜란드의 암스테르담, 프랑스의 낭트 등 유럽의 항구 도시에서 이루어지는 경우가 많았습니다. 이 도시들의 명사 주소록인「신사록」에는 정제업자의 이름이 노예상이나 설탕 상인들과 어깨를 나란히하는 대부호로 나옵니다. 아니, 좀 더 정확히 말하면 설탕이나 노예를 취급하고 있던 대상인들이 보통 설탕 정제공장도 소유하고 있었다고 하는 것이 맞을 것입니다.

'중간항로'의 공포 — 노예무역

그런데 플랜테이션에서 일했던 노예들은 어떻게 카리브해로 끌려오게 되었을까요?

노예사냥으로 아프리카에서 끌려나와 카리브해의 설탕 식민지와 북아메리카에서의 노예 생활을 경험한 후 영국에서 자서전을 쓴 흑인 올라우다 에퀴아노Olaudah Equiano라는 인물이 있습니다. 문학적인 관점에서 사실을

에퀴아노

왜곡하거나 과장한 부분도 있겠지만 그렇다고 해도 굉장히 흥미로운 자서전입니다. 잠시 이 자서전을 참고하여 아프리카인 노예들의 운명에 대해서 살펴보겠습니다.

에퀴아노는 1745년에 지금의 아프리카 나이지리아에서 태어나 비교적 평온한 어린 시절을 보냈습니다. 그런데 열 살 정도가 되었을 때 유럽인에게서 받은 철포를 가진 연안 지역 흑인왕국 사람들에게 '노예사냥감'이 되었습니다. 에퀴아노는 이때의 경험을 '정신이 아찔해질 정도로 무서운 광경'이었다고 회고하고 있습니다. 그러나 가족과 헤어져 카리브해의 설탕 식민지로 끌려간 에퀴아노와 같은 노예들에게 더욱 비참한 경험은 아프리카에서 대서양을 건너 자메이카나 바베이도스로 향하는 항해 그 자체였습니다. '중간항로'라고 불린 이 항해에서 노예 상인들은 가능한 한 노예들을 배에 가득 실은 데다가 마실 물도 충분히 마련되어 있지 않아서 항해 도중에 탈수 증상이나 전염병 등으로 죽는 사람들이 속출했습니다. 아프리카 대륙이 보이지 않게 되자 불안한 마음에 바다로 뛰어들어 자살하는 노예들도 적지 않았다고 합니다.

카리브해에 도착한 노예들은 경매시장에서 플랜터에게 팔려 뿔뿔이 흩어졌습니다. 그러나 그곳에서도 아프리카에는 없었던 새로운 병과 새로운 기후 조건, 생활환경이 기다리고 있었습니다. 가혹한 노동이 기다리고 있었던 것은 말할 필요도 없지요. 애써 카리브해 섬까지 도착한 노예 중 수십 %는 이렇게 '현지 적응(영어로는 시즈닝 [seasoning]이라고 합니다)' 기간에 사망했습니다.

16세기부터 19세기에 걸쳐 유럽인이 대서양을 건너 카리브해와 브라질, 아메리카 남부 등으로 데리고 온 흑인 노예는 최소 1,000만 명 이상이라고 추정됩니다. 그중에서도 포르투갈인, 영국인, 프랑스인이 이러한 비인도적인 상업을 적극적으로 전개했습니다.

삼각무역—유럽과 아프리카와 카리브해

 유럽인들은 '세계 상품'인 설탕을 만들기 위해서 큰돈을 들여 카리브해에 플랜테이션을 건설했습니다. 이 플랜테이션을 경작하는 노동력을 확보하기 위해 아프리카인 노예들을 맹렬한 기세로 데려왔습니다. 그렇기 때문에 노예무역과 설탕 수입무역은 처음부터 연결되어 있었습니다.

 예를 들어 영국 리버풀을 출발한 노예무역선은 노예와 교환하기 위해서 아프리카 흑인왕국이 원하는 철포와 유리구슬, 면직물 등을 가지고 갔습니다. 그것들을 서아프리카에서 노예와 교환했습니다. 그리고 획득한 노예들을 비극의 '중간항로'를 따라 운송한 후 남북아메리카와 카리브 해역에서 팔아넘기고는 설탕(드문 경우지만 목화도 있었음)을 얻어 출발지인 리버풀로 돌아왔습니다. 이것은 2개월 이상 걸리는 항해로, 이런 일련의 무역을 역사가들은 종종 '삼각무역'이라고 불렀습니다.

 이른바 노예무역을 중심으로 하는 삼각무역을 통해서 아프리카, 유럽, 아메리카 세 대륙이 처음으로 본격적으

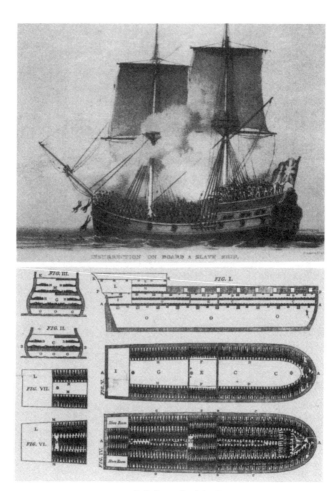

노예선과 노예 태우기

로 연결된 것입니다.

삼각무역으로 유럽은 막대한 이익을 실현했고 항구 마을과 상인의 경제 상황이 급속도로 좋아졌습니다. 그중에서도 특히 중요했던 노예무역과 설탕 수입에서는 큰 이익을 얻었습니다. 노예무역은 노예들의 반란이나 전염병 때문에 실패하는 경우도 있었지만 성공하면 원금의 두 배 정도를 벌 수 있었다고 합니다.

또한 설탕 상인의 대부분은 영국에 거주했고 영국의 상류계급, 이른바 젠틀맨 계급의 인간으로 살게 되는 경우도 있었습니다. 산업혁명이 영국에서 먼저 시작된 것도 노예나 설탕 상인들의 부의 힘 때문이라고 주장하는 의견이 있을 정도입니다. 한때 그들은 40명 이상의 국회의원을 친구로 두었다고 합니다. 따라서 영국 정치는 대부분 그들 생각대로 움직였습니다.

설탕으로 대부호가 된 상인과 플랜터 중에는 당시의 국왕보다 더 호화로운 생활을 한 사람도 있었습니다. 조지 3세라고 하면 18세기 후반에 왕권 강화를 꾀하고 한 시대를 만들어낸 인물인데 그가 거리에서 지나가는 설탕 플랜터 부호의 마차를 보고는 콤플렉스를 느껴 국왕의 마차에 동승하고 있던 총리 피트에게 "이봐 피트, 관세는

① 버뮤다 ② 쿠바 ③ 자메이카 ④ 푸에르토리코 ⑤ 바베이도스
⑥ 세인트빈센트 ⑦ 트리니다드

삼각무역

어떻게 된 거야. 관세는!"이라고 추궁했다는 유명한 에
피소드도 있습니다.

수차례 런던 시장을 역임한 플랜터 출신의 가문도 있
었고, 영국 서부에 귀족보다 더 많은 대규모의 영지를 일
군 사람도 있었습니다. 또한 삼각무역으로 들여온 면화
는 리버풀에서 아주 가까운 맨체스터에서 면직물로 가공

설탕 플랜터가 영국에 세운 교회

되어 산업혁명의 계기가 되었습니다.

　프랑스에서도 마찬가지로 노예무역이 낭트와 보르도 등의 지역에 부와 번영을 가져왔습니다.

　그러나 삼각무역은 아프리카에는 비참한 영향을 초래했습니다. 한창 일할 나이의 청년들을 중심으로 이렇게나 많은 사람들이 끌려갔으니 아프리카 사회는 발전의 힘을 완전히 잃어버리고 말았던 것입니다. 사냥감이 되어 노예가 된 사람들의 고통과 그 가족, 친구들의 슬픔은 말할 필요도 없습니다.

　베냉 왕국(13세기경 나이지리아의 베네에강 부근에서 성립된 왕국. 15세기경부터 포르투갈에 노예, 상아 등을 수출하고 총포를 수입하여 노예사냥을 했다. 17세기에 급속히 쇠퇴하였음—역주)처럼 연안에 있는 흑인왕국 중에는 노예사냥을 직업으로 삼아 노예를 유럽인들에게 팔아서 이익을 챙기는 나라도 있었지만 이런 장사를 해서는 진정한 의미의 경제 발전은 있을 수 없습니다. 아프리카의 여러 나라들이 지금까지도 '개발도상' 상태에 머물러 있는 역사적 이유 중 하나가 바로 여기에 있습니다.

이처럼 멸종된 카리베족과 아프리카에서 끌려온 노예들의 땀과 피와 눈물로 설탕은 만들어졌습니다. 그리고 누구나 좋아하는 '세계 상품'의 하나로 유럽에 수출되었던 것입니다.

제3장
설탕과 차의 만남

실론(지금의 스리랑카)의 차 플랜테이션

해열제인 설탕

16세기에는 브라질에서, 17세기에 들어서면 영국령이나 프랑스령의 카리브해 섬에서 '설탕 혁명'이 일어난 것은 이미 앞에서도 살펴보았습니다. 그 결과 특히 17세기 후반부터는 그때까지는 상상도 할 수 없을 정도의 대량의 설탕이 유럽으로 들어오게 되었습니다. 그렇게 되자 당연히 설탕을 소비하는 행위의 의미도 급속하게 변해갔습니다.

그러나 그 이전인 16세기경까지는, 실제로 설탕은 유럽에서 식품이라기보다는 '약품'으로 사용되었습니다. 그렇지 않으면 기껏해야 권력자와 부유한 사람들이 자신의 권세나 재산을 자랑하기 위한 상징으로 사용했습니다.

어떤 연구자에 따르면 설탕에는 일반적으로 다섯 가지 용법이 있다고 합니다. 구체적으로 말하면 약품, 장식품(데코레이션), 향료, 감미료, 보존료 이 다섯 가지 용법입니다. 이 중에서 처음의 두 가지는 설탕이 귀중품이었던 시대에 걸맞은 용법이었습니다.

설탕을 거의 만병통치약으로 여긴 것은 주로 십자군들

이 아라비아에서 영향을 받은 것이라고 추정됩니다. 이 시대는 많은 사람들이 만성적인 영양부족 상태에 시달리던 때였으므로 칼로리가 높은 설탕은 어떤 경우에도 즉시 효과를 나타내는 약품이 될 수 있었을 것입니다. 아라비아에서는 이미 11세기에 위대한 의학자 아비센나 Avicenna(이븐 시나)가 "설탕 과자야말로 만병통치약이다"라고 단언한 적이 있었습니다. 이 사람이 저술한 의학서는 적어도 17세기까지 유럽의 약학계에서도 최고의 권위를 인정받고 있었습니다.

12세기 비잔틴제국의 황제를 모셨던 의사도 '해열제'로 장미꽃 설탕 절임을 처방했습니다. 이 장미꽃 설탕 절임은 먼 훗날까지 서유럽에서도 특히 결핵에 의한 열을 식히는 해열제로 귀하게 여겨졌습니다. 장미꽃만이 아니라 식품을 '설탕에 절이는 것' 자체가 설탕의 또 다른 용도인 '보존료'로 사용하는 것이기도 합니다.

일반적으로 중세시대라고 부르는 15세기경까지 유럽 의학의 중심지는 이탈리아였고, 특히 살레르노 의학교는 매우 유명했습니다. 여기에서 사용한 의학서에는 설탕은 '열병, 기침, 가슴의 병, 튼 입술, 위병 등에 효과가 있다'고 기록되어 있습니다.

14, 15세기에는 유럽 전역에서 당시 '흑사병'이라 불린 무서운 페스트가 대단한 기세로 유행하고 있었습니다. 예방책도 없고 적절한 치료법도 발견할 수 없어서 '흑사병'으로 인구 3명 중 1명이 죽을 정도로 맹위를 떨쳤습니다. 이에 사람들은 그저 도망치거나, 자택에 틀어박혀 있거나, 삼나무 잎을 그을려 자택에 연기를 피워 '소독'하는 것 외에는 별다른 대책이 없었지만 이러한 페스트에도 설탕이 유효하다고 생각했습니다.

의학자들은 아라비아로부터 배운 의학 이론을 들어가며 설명했으나 일반인들은 그런 이론이 없어도 저렇게 하얗고 달고 고가인 물건이 효과가 없을 리 없다고 생각했습니다. 근세, 즉 16세기 이후의 유럽에서는 도저히 손 쓸 수 없을 정도로 절망적인 상황을 나타낼 때 '설탕이 떨어진 약국 같다'는 표현을 사용했다고 합니다. 그 정도로 설탕은 의약품으로서 없어서는 안 되는 존재가 되었던 것입니다.

신학에서의 설탕

이처럼 약품으로 귀하게 여겼던 설탕을 둘러싸고 12세기 이탈리아의 위대한 신학자이자 『신학대전』이라는 책을 쓴 토마스 아퀴나스가 중심이 되어 기묘한 논쟁이 벌어졌습니다. 크리스트교에서 정한 단식의 날에 설탕을 먹는 것이 계율 위반인가 아닌가 하는 논쟁이었습니다. 위대한 아퀴나스 선생의 결론은 설탕은 식품이 아니라 소화 촉진 등을 위한 약품이므로 가령 '약'인 설탕을 먹었어도 단식을 위반한 것은 아니라는 것이었습니다.

사실은 토마스 아퀴나스가 이런 결론을 낸 것이 훗날 설탕이 대량으로 공급되어 '식품'이 되어가는 과정에서 매우 도움이 되었습니다. 그 이유는 다음과 같습니다. 16, 17세기 이후에 여러 새로운 식품들이 유럽 이외의 곳에서 유럽으로 대량으로 유입되어 '세계 상품'이 되었습니다. 설탕은 그 선두에 있었는데 그 외에도 차, 커피, 초콜릿, 감자, 옥수수, 쌀, 담배, 토마토, 고추, 아스파라거스, 땅콩 등 셀 수 없을 정도로 많은 새로운 식품들이 있었습니다. 식품 외에도 면직물과 견직물, 염료인 인디고

(남색)와 코치닐(적색 염료) 등 다양한 물건들이 들어와 유럽인, 특히 영국인의 생활을 엄청나게 변화시켰던 것입니다.

이러한 변화를 '영국의 생활 혁명'이라고 부르고 싶은데, '생활 혁명'을 일으킨 이러한 '새로운 식품'들은 대부분 '약'이라고 불렸습니다. 그러나 한편 종교적, 도덕적으로는 이것들을 먹는 것을 종종 '악'이라고 비판했습니다. 단 설탕만큼은 위대한 권위자인 아퀴나스 선생의 보증서가 붙어 있어서 돈만 있다면 설탕을 아무리 먹어도 '타락'이라는 말은 듣지 않았습니다.

16세기 유럽의 어느 의학서에는 설탕을 먹으면 충치가 잘 생긴다는 것은 인정하지만 가슴, 폐, 목의 병에 효과가 있고 '가루로 만들면 눈에도 효과가 있고 기화시키면 전반적인 감기에 효과가 있다. … 노인을 위한 강장제 역할도 한다'고 기록돼 있어서 설탕이 만병통치약으로서의 지위를 누리고 있었다는 사실을 알 수 있습니다. 이러한 사고방식은 그 후 상당 기간 지속되었습니다. 잘 생각해보면 일본인 사이에서도 할머니나 어머니가 감기와 설사에 사용한 민간요법 중에는 매실 장아찌와 파 등을 이용한 것도 있었지만 설탕을 이용한 것도 많았습니다. 이런 설탕에 대한 인식 중에는 어느 정도 맞는 부분도 있는 것 같습니다.

어쨌든 설탕도 너무 많이 섭취하면 몸에 안 좋은 것은 아닐까 하고 생각하기 시작한 것은 겨우 18세기 이후에 나타난 현상이었습니다. 18세기에는 설탕의 장점과 단점에 대한 큰 논쟁이 벌어졌는데 토머스 윌리스Thomas Willis라는 영국 의사가 당뇨병을 발견하자 의학자들 사이에서는 차츰 설탕에 대해 비판적인 의견을 가진 사람들이 늘어나기 시작했습니다. '설탕과 소금의 과다 섭취는 괴혈병의 원인이 될 수 있다. 이것은 카리브해(설탕 식민지) 사람들에게서 많이 나타나며 설탕을 취급하고 있는 영국의 식료품점 아이들에게도 많이 보인다'고 했습니다.

그렇지만 일반 대중들은 보통 영양부족에 시달리고 있어서 약품으로서의 기능에 대해 의문을 품는 사람들은 늘어났어도 '식품'으로서의 설탕은 점점 더 많이 보급되어갔습니다.

권위의 상징―데코레이션

오늘날에는 상상하기 힘든 일이지만 '식품'이 되기 이전의 설탕은 '약품'뿐만 아니라 '데코레이션'의 소재로도 중요하게 여겨졌습니다. 순백의 설탕은 그 색깔만으로도 신비스러운 데다가 너무나 달콤하고 터무니없을 정도로 가격이 비싸서 설탕을 대량으로 사용하여 장식물을 만들 수 있는 사람은 상당한 부자나 권력자라는 것을 나타냈습니다. 중세 이후 유럽의 국왕이나 귀족들이 앞다투어 설탕으로 파티용 데코레이션을 만들게 된 것도 어찌 보면 당연한 일이었습니다. 일설에 의하면 이 풍습의 마지막 흔적이 일본의 결혼식에서도 등장하는 웨딩 케이크라는 것은 앞에서도 언급했습니다.

일찍이 왕후, 귀족들이 주문한 설탕 과자 데코레이션에는 손이 많이 가고 크기가 큰 것들이 많았던 듯합니다. 이렇게 설탕으로 장식물을 만드는 습관도 이슬람 세계에서 전해진 것으로 보이는데, 11세기 이집트의 술탄은 7만 kg이나 되는 설탕을 사용해서 제단에 실물 크기의 수목을 만들었다는 기록도 있습니다. 설탕으로 모스크(이슬

중세의 성을 모방해서 만든 설탕 과자

람교 사원)를 만들어 제례가 끝난 후 그것을 부숴 빈민들에게 나눠주었다는 기록도 남아 있습니다.

유럽에서는 왕후와 귀족들의 연회에 이런 설탕 데코레이션이 등장하게 되었습니다. 일찍이 유럽 귀족들의 연회에서는 1인분씩 요리가 나오는 것이 아니라 지금의 중화요리처럼 큰 접시에 요리가 담겨 나와 각자 이것을 가져다 먹는 형태였습니다. 이렇게 큰 접시에 담겨 나왔던 요리 중 몇 개가 결합되어 '코스'라고 불리게 되었는데 한 연회에서 이런 몇 가지 '코스'가 나오는 것이 일반적이었습니다. '데코레이션'은 대체로 이런 각 코스의 마지막에 나왔습니다. 성, 탑, 말, 곰, 기사 등을 설탕으로 만들었고 이후에는 이들 장식에 메시지를 첨부하여 전체가 하나의 이야기가 되도록 하는 복잡한 구성의 것들도 나오게 되었습니다. 탑에서 대포의 포탄이 튀어나오거나 개구리가 연못으로 뛰어드는 등의 '장치'를 곁들인 것들도 늘어나 연회에 참석한 손님들을 즐겁게 했습니다. 다수의 군함이 등장하여 해전 장면을 재현하는 것도 있었다고 합니다.

그렇지만 설탕은 매우 고가였기 때문에 마지막에는 사람들이 장식물을 부숴서 그것을 먹었다고 합니다.

차와 설탕의 랑데부

그러나 유럽인, 특히 영국인들이 '약품'이나 장식물로 대량의 설탕을 소비하게 된 것은 아닙니다. 그런 용도로 사용하는 것은 오히려 설탕이 귀중품이고 서민들에게는 손이 닿지 않는 사치품이었기 때문에 의미가 있었던 것입니다.

차 수입을 독점한 동인도회사

  설탕을 널리 사용하게 된 것은 17세기 이후였습니다. 특히 그것은 17, 18세기에 유럽 이외의 곳에서 들어온 홍차나 커피의 보급과 관련이 있었습니다. 아시아의 동쪽 끝에서 채취한 차와 서쪽 끝에 있는 카리브해의 설탕이 영국에서 만난 것을 계기로 모든 것이 시작되었습니다. 그렇다면 차와 설탕의 랑데부(만남)는 어떻게 이루어진 것일까요?

우선 홍차는 일반적으로 영국의 것이라고 생각하는데 그러나 현재까지도 영국은커녕 유럽 어디에서도 차나무를 재배하는 것은 불가능합니다. 차는 원래 중국의 것으로, 먼 훗날까지 유럽인들에게는 그 정체조차 알 수 없는 불가사의한 식물이었다는 사실을 알아두세요.

일본에서는 세키가하라 전투(기후현[岐阜県]의 세키가하라[関が原]에서 이시다 미쓰나리[石田三成]와 도쿠가와 이에야쓰[徳川家康]가 패권을 둘러싸고 벌인 전투. 이 전투로 도쿠가와 이에야스가 실권을 쥐게 되어 이듬해 에도막부[江戸幕府]가 성립되었다.—역주)가 일어난 1600년(게이초[慶長] 5년)에 영국에서는 동인도회사가 설립되었는데 이 회사는 영국의 아시아와의 무역과 외교에 대한 권리를 단숨에 손에 넣었습니다. 좀 더 엄밀히 말하면 남아프리카의 케이프타운에서 남아메리카의 마젤란해협에 이르는 아시아, 아프리카의 각 지역—오스트레일리아나 뉴질랜드는 아직 알려지지 않았습니다—이 이 회사의 특권 지역으로 정해진 것입니다. 18세기 말부터 이 동인도회사가 기를 쓰고 조사한 결과, 드디어 차의 수목을 확인할 수 있었습니다. 그 후에는 실론(지금의 스리랑카)을 비롯한 아시아의 영국령 식민지로 수목을 이식하여 각 지역에서 플랜테이션의 형태로 차를 재배하게 되

웨지우드의 창설자 조사이아 웨지우드Josiah Wedgwood의 초기
대표작 '콜리플라워 웨어Cauliflower ware 티포트' (1762년경)

었습니다. 그러나 이것은 먼 훗날의 일로 한동안은 동인
도회사가 중국에서 차를 수입하고 있었습니다.

어찌 되었든 설탕의 소비는 이 동인도회사가 수입한
차의 소비와 깊은 관련을 맺게 되었습니다. 차를 마시는
습관이 널리 퍼지자 컵이나 스푼 등 '차와 관련된 다양
한 물건' —영어로는 티 콤플렉스tea complex라고 합니다
—이 필요해져 훌륭한 물건들이 만들어지기 시작했습니
다. 예를 들어 원래는 중국이나 일본의 도자기를 흉내 낸
것이었는데 웨지우드의 도자기들은 지금도 매우 잘 알려
져 있습니다.

이런 '차와 관련된 물건' 중에서도 설탕은 압도적으로

그 중요성이 높아졌습니다. 그렇기 때문에 17세기 이후에 극적으로 이루어진 설탕 소비가 어떻게 전개되어갔는지를 설명하려면 반대로 영국에서 홍차를 마시는 습관이 어떻게 성립되었고, 어떻게 널리 보급되었는지를 확인해 봐야 합니다.

건망증의 약, 홍차

유럽에서 처음으로 차를 마시기 시작한 것은 일본이나 중국에 진출한 포르투갈인이었습니다. 그리고 이탈리아인인 마테오 리치 등 중국에 온 가톨릭 예수회 선교사들이 정보를 가지고 돌아가자 왕실 등 상류계급에서 유행하게 되었다고 합니다.

홍차와 녹차는 원래 찻잎은 같은데 가공 공정에서 발효시키면 홍차가 되어 포르투갈인이 마신 것은 녹차일 것이라고 추정됩니다. 예를 들어 17세기 중엽 베이징北京에 온 네덜란드 동인도회사의 직원은 '일본인은 찻잎을 가루로 만들어 찻잔 안에서 뜨거운 물과 함께 섞어서 마시지만 중국인은 잎을 주전자에 넣어 잠시 두었다가 우러난 물만 마시고 찻잎은 먹지 않는다'고 적고 있습니다. 즉 여기에서 말하는 일본의 차는 말차抹茶를 뜻하는 것 같습니다.

유럽인, 특히 영국인이 언제부터 녹차보다 홍차를 마시게 되었는지는 확실하지 않습니다. 동인도회사의 배가 아프리카 남단을 향해 인도양을 항해하던 중 선창에서 차가 발효된 것이 그 시작이라는 설도 있지만 믿기는 어렵습니다.

어쨌든 차도 설탕과 마찬가지로 17세기 초반까지는 약국에서 판매했고 감기와 건망증, 괴혈병, 두통, 담석 등 많은 병에 듣는 특효약이라고 생각했습니다. 17세기 중반에 유명한 일기를 남긴 새뮤얼 피프스Samuel Pepys라는 인물은 영국 해군성의 고급 관리였습니다. 그는 관청에서는 '휴식'을 취하기 위해서 차를 마신다고 하고, 그와 동시에 집에서는 아내가 감기약으로 차를 끓였다는 기록을 남기고 있습니다. 즉 차 역시 당시에는 매우 고가품으로, 겨우 100g 정도가 일반 직공 일당의 몇십 배나 되었다고 합니다.

차를 마시는 다양한 방법

1658년에는 영국에서 최초로 차 광고가 등장했습니다. "중국인은 차라고 부르고 다른 나라 사람들은 테이나 티라고 부릅니다. 모든 의사들이 추천하는 훌륭한 중국의 음료를 런던에서는 왕립 거래소 근처에 있는 커피 하우스 '술탄 왕비의 목'에서 판매합니다"라는 광고였습니다. 커피 하우스란 런던을 비롯한 영국의 도시에서 17세기 후반부터 약 100여 년 동안 매우 유행했던 곳으로, 상류 시민이나 지주로 풍족한 생활을 누리던 '귀족'과 '젠틀맨'의 사교를 위한 장소였습니다. 홍차는 이 커피 하우스에서 판매하면서 보급되었습니다.

따라서 이 무렵부터 홍차가 '약'이 아닌 사람들의 사교를 원만하게 해주는 '음료'가 되었다고 생각되는데, 여기에서도 두 가지 점에 유의할 필요가 있습니다. 하나는 홍차도 설탕과 마찬가지로 일반인들에게는 너무나 비싸서 상류 시민과 귀족을 포함한 젠틀맨 계급을 위한 물건이었다는 것입니다. 차가 일반적인 '국민 음료'가 될 때까지는 150년 정도의 시간이 더 필요했습니다. 그러나 그 이상으로 중요한 것은 아마 이 무렵부터 커피 하우스에서 홍차에 설탕을 넣게 되었다는 것입니다.

앞에서 중국인과 일본인이 차를 마시는 방법을 소개한 네덜란드 동인도회사의 직원도 그들이 설탕을 사용했다는 이야기는 하지 않아서 차에 설탕을 넣은 것은 이슬람 교도나 영국인이라고 생각됩니다. 적어도 이런 방식은 영국에서 일반화되었다고 추정됩니다. 오늘날 우리들이 알고 있는 설탕을 넣은 홍차는 분명히 영국에서 탄생한 것입니다. 러시아인도 사모바르라고 하는 기구로 차를 끓이고 잼을 사용하기도 했으나 러시아에는 설탕이 거의 없었기 때문에 지금처럼 홍차를 마시는 방법이 러시아에서 생겼을 리는 없습니다.

왜 홍차에 설탕인가? —'스테이터스 심볼+스테이터스 심볼'

그럼 왜 영국인들은 차에 설탕을 넣는 터무니없는 짓을 생각해낸 것일까요?

첫 번째는 분명 다음과 같은 이유 때문이었을 것입니다. 셰익스피어가 살아 있었던 17세기 초반에는 설탕도

상류계급 사람들의 티 파티(1740년대, F. 하이만[Hyman] 그림)

차도 약국에서 취급하는 귀중한 '약품'이었습니다. 그래서 병에 걸린 것도 아닌데 설탕을 사용하는 것은 귀족이나 젠틀맨이라는 고귀한 신분을 드러내기 위해서거나 대부호인 무역상인 등이 허세를 부리기 위해서였습니다. 즉 차와 설탕은 '스테이터스 심볼status symbol'이었던 것입니다.

특히 이때부터 점점 부유해진 상인들은 자신들의 재력을 뽐내기 위해서 마음껏 사치를 부렸기 때문에 그 위의 사회층에 해당하는 귀족과 젠틀맨들은 그 이상의 사치스러운 생활을 보여주지 않으면 체면을 유지할 수 없었습니다. 이와 같은 호기로운 소비생활의 경쟁은 저택의 재건축이나 패션 면에서 특히 심했는데, 17세기 초에 제임스 1세가 신분에 따라 소비생활을 규제하는 법률을 전부 폐지해버리자 경쟁은 더욱 치열해졌습니다. 게다가 이 시대에는 안트베르펜 등 국제적인 시장에서 아시아와 아메리카, 아프리카 등의 진귀한 물건들이 수입되기 시작하여 귀족과 젠틀맨, 부유한 상인들이 앞다투어 이러한 '외래품'을 사용했습니다. 외국에서 온 물건, 특히 아시아와 아메리카에서 온 물건은 고가여서 무엇이든 '스테이터스 심볼'이 되기 쉬웠습니다. 담배조차도 처음에는 상류계급의 증표로 이용될 정도였습니다. 그중에서도 전형적인 것이 차와 설탕이었습니다.

따라서 홍차에 설탕을 넣으면 두 배의 효과를 기대할 수 있었으니 이것은 더할 나위 없는 '스테이터스 심볼'이었을 것입니다. 실제로 17세기 영국 요리에는 온갖 종류의 향료를 넣는 것이 대유행이었습니다. 이것도 향료가 동일한 무게의 은과 같은 가격이어서, 즉 '스테이터스 심볼'이었기 때문입니다. 홍차에 설탕을 넣는 것은, 오늘날 일본에서도 맛이 좋아지는 것도 아닌데 고급 일본 술에 금가루를 넣어서 먹는 사람을 볼 수 있는 것과 다소 비슷한 것이 아닐까 생각됩니다.

앞에서 언급했듯이 영국에서 차를 마시는 습관은 먼

저 왕실에서 시작되었습니다. 17세기 중반 무렵 영국에서는 올리버 크롬웰을 리더로 하는 퓨리턴puritan들이 혁명을 일으켜 정권을 잡았습니다(청교도혁명). 그 혁명에서 도망쳐나와 프랑스로 망명한 전 국왕의 아들인 찰스가 1660년에 귀국하여 국왕 찰스 2세가 되었습니다(왕정복고). 그런데 그와 결혼한 캐서린은 포르투갈 왕실 출신으로, 그녀가 결혼할 때 인도의 뭄바이라는 섬을 지참금으로 가져온 것은 유명합니다. 게다가 차를 마시는 습관도 그녀가 영국 왕실로 들어온 것이라고 합니다. 아시아와 관계가 깊었던 포르투갈에서는 이미 왕실에서 차를 마시는 습관이 있었고, 캐서린은 영국에서도 차를 마시기 시작했던 것입니다.

그래서 영국에서는 차를 마시는 것이 왕실에서 행하는 '품위 있는' 습관으로 인식되어 특히 귀족이나 젠틀맨 계급의 여성들에게 인기가 있었습니다. 당시 귀족들은 매일같이 파티를 열었는데 2차에서는 보통 남녀가 따로 모였습니다. 남자들은 밤늦게까지 술을 마셔 고주망태가 되었고, 여자들은 차를 마시면서 가십을 나누는 것이 일반적이었습니다.

어쨌든 티 파티는 '품위 있는' 일이었으므로 동인도회

사도 매해 빠짐없이 새로운 차를 왕실에 헌상했고 이것을 이용하여 '왕실에 납품하는' 차, 왕비도 귀부인들도 마시는 차라며 널리 선전했다고 합니다.

결국 차와 설탕이라는 두 가지 스테이터스 심볼을 결합한 설탕을 넣은 홍차는 '더할 나위 없는' 스테이터스 심볼이 되었던 것입니다.

'국민 음료'가 되어가는 길

그러나 설탕을 넣은 차는 언제까지나 귀족과 젠틀맨, 상류 시민들만의 독점물은 아니었습니다. 17세기 중반이 지나자 커피 하우스를 중심으로 그 소비는 점차 늘어나 금세 중류계급으로 퍼져나갔습니다. 심지어 시간이 흐르면서(주로 다음 장에서 소개하겠습니다만) 드디어 그것은 민중들 사이에서도 퍼져나가 '국민 음료'라고 불리게 됩니다. 19세기가 되면 교도소의 죄수들도 홍차를 마시게 되었습니다. 그 결과 우리는 영국에서는 찻잎 한 장 나지 않는데도 홍차라고 하면 가장 먼저 영국, 또는 영국인을 떠올리게 된 것입니다.

그렇다면 왜 설탕을 넣은 홍차는 영국에서 그렇게 널리 보급되었던 것일까요?

그 이유 중 하나는, 이미 살펴보았듯이 상류계급 사람들 사이에서 차를 마시는 것이 널리 퍼진 것과 마찬가지 이유 때문입니다. 즉 상류계급 사람들과 부자들뿐만 아니라 영국인 전체가 상류계급 흉내를 내고 싶어 하는 기질이 있었기 때문이라고 합니다. 사농공상이라는 신분에 따라 의복이나 주거를 비롯하여 예절에 이르기까지 다양한 면에서 생활이 규제되어 있던 에도시대 일본과는 달리, 이미 살펴본 것처럼 영국에서는 어떤 신분이든 사치를 누릴 수 있었고 그것이 법률로도 금지되어 있지 않았습니다. 오히려 사치를 부릴 수 있는 사람이야말로 상류계급이라는 생각이 강했습니다. 상류층인 척하는 것—영어로는 '스놉snob'이라고 합니다—은 영국 국민 전체의 특징이었다고 합니다.

차를 마시는 것이 상류계급의 '스테이터스 심볼'이 되어 진짜 차는 비싸서 사지도 못하는 사람들도 '영국산 차'라고 불리는 차를 마시며 상류층이 된 듯한 기분을 누렸습니다. 물론 영국에서는 찻잎을 얻을 수 없었으니 그런 차는 가짜였습니다.

그러나 그렇다고는 해도, 차와 설탕이 '약'으로 쓸 정도로 값이 비싸서 극히 소량만 공급되었던 시기에는 웬만한 상류계급 사람들 이외에는 그런 것을 일상적으로 마실 수 없었습니다. 역시 차와 설탕 등이 널리 보급되기 위해서는 조금씩 가격이 내려가고 공급량이 늘어나는 것이 중요했습니다. 가짜 물건으로 참아왔던 하층민들도 차와 설탕의 가격이 내려가면 당연히 진짜를 이용하게 됩니다. 이런 사실이 설탕을 넣은 홍차가 일반인들에게 보급된 제2의, 그리고 무엇보다도 중요한 이유라고 생각합니다.

영국의 '상업 혁명'

그렇다면 17세기 중반부터 차와 설탕은 정말로 가격이 싸지고 대량으로 영국에 들어오게 되었을까요? 네, 그렇습니다. 무역 데이터를 보면 그것을 간단히 증명할 수 있습니다.

16세기 말까지 영국은 터키를 제외하면 대부분 유럽 내부에서만 무역을 하였고 인도 등과의 직접적인 교역은 없었습니다. 지중해 지방, 즉 터키나 유럽 중에서는 이탈리아, 스페인, 포르투갈 등과의 거래가 늘어났고 안트베르펜이나 암스테르담 등에서 설탕을 포함한 아시아와 아메리카의 생산물들을 조금씩 들여오기는 했지만 미미한 양에 지나지 않았습니다. 최근에 16세기부터 유럽과 아시아는 물자 교환을 통해 강하게 연결되어 있었다고 생각하는 역사가들이 늘어나고 있으나 무역량을 생각해보면 이런 견해에는 찬성할 수 없습니다.

17세기 전반 영국에서는 동인도회사가 설립되었고 카리브해 지역에서도 바베이도스 등지에서 사탕수수를 재배하기 시작했으나 여전히 유럽 이외의 지역에서 수입되는 것은 한정적이었습니다. 애초에 영국으로부터의 상품 수출이 늘어나지 않았고 지불 수단도 없었기 때문이었습니다. 동인도회사의 경우에도 한번 배를 띄워 그 배가 아시아에서 무사히 돌아오면 배까지 통째로 팔아치워 그 돈을 분배해버리는 일시적인 성격이 강했기 때문에 그 무역량도 보잘것없었습니다. 영국 동인도회사는 강력한 네덜란드 동인도회사에 아직 대항할 수 없어서 향료의 생산지였던 지금의 인도네시아 등에는 접근할 수 없었습니다. 아시아에서 수입되는 양은 영국 전체 수입량의 몇 %에 불과했습니다.

16세기 말 엘리자베스 1세 시대에 여왕이 총애했던 월터 롤리Walter Raleigh 등이 북아메리카에 식민지를 만들려고 했으나 실패했고, 1607년이 되어서야 영국 최초의 북아메리카 식민지인 제임스타운Jamestown이 만들어졌습니다. 카리브해에서도 섬 몇 개를 식민지화했는데 그중에서도 가장 빨리 식민지가 된 바베이도스섬에서도 사탕수수 재배가 본격적으로 이루어진 것은 17세기 중반이었습니다. 따라서 그때까지 영국의 설탕 수입량은 무역 전체에서 보면 보잘것없었습니다.

이러한 상황이 완전히 변한 것은 크롬웰 정권이 성립되었다가 붕괴된 17세기 중반이었습니다. 크롬웰은 동인도회사의 조직을 변경하여 세계 최초의 주식회사라고 불리는 형태를 만들었습니다. 게다가 그는 세계 무역을 장악하고 있던 네덜란드인 상인을 배제하기 위해서 항해법이라는 중요한 법률을 만들기도 했습니다. 이 법률은 이후 여러 차례 보충되고 개정되면서 19세기 중반까지 영국의 대외 경제의 기본 정책으로 유지되었습니다. 게다가 이 크롬웰이 점령한 자메이카가 17세기 말이 되면 '설탕 혁명'으로 당시 세계 최대의 설탕 산지가 된 것

올리버 크롬웰(1599~1658)

은 이미 앞에서도 설명했습니다.

따라서 대부분 우연의 결과였겠지만 반反가톨릭, 즉 반
反스페인이라는 종교적 신앙심에서 나온 크롬웰의 정책
이 17세기 후반이 지나자 영국의 무역에 결정적인 변화
를 가져왔습니다. 그때까지 거의 늘어나지 않던 무역 총
량이 반 세기 동안 3배 정도가 늘어났고 18세기 초반의
60~70년 동안에도 그것의 몇 배가 증가했습니다. 그야
말로 '혁명'이라고 할 만한 증가세였습니다. 게다가 그 이
전까지는 무역 상대가 터키 외에 유럽의 몇몇 나라로 한
정되어 있었는데 이것이 완전히 변하여 18세기 중반이
되자 아시아와 아메리카, 아프리카와의 거래가 유럽과의

런던항의 활기(1757년, L. P. 부아타르[Boitard] 그림)

거래에 맞먹을 정도가 되었습니다. 따라서 거래되는 상품도 이전까지 모직물 수출에 한정되어 있었는데 이후에는 면직물 등을 포함한 다양한 제품, 곡물, 식민지에서 얻은 생산물들을 중심으로 수출할 수 있을 정도가 되었습니다.

그러나 두말할 필요도 없이 가장 크게 변한 것은 수입품의 내역입니다. 당밀을 포함한 설탕, 북아메리카의 버지니아 식민지에서 온 담배, 인도에서 온 캘리코라고 불리던 면직물, 생사와 견직물, 그리고 중국의 차 등 아시아와 카리브해를 포함한 아메리카에서의 수입품이 급격하게 증가했기 때문입니다.

이러한 영국 무역의 커다란 변화를 역사가들은 '상업 혁명'이라고 불렀습니다. 말하자면 영국은 무역이라는 측면에서는 유럽 내에서만 흠뻑 빠져 있었는데, 오히려 이제는 유럽 이외의 세계에 건설한 식민지 제국의 가장 위에 서는 나라가 되었습니다. 세계가 하나로 연결되어 영국은 그 정점에 서게 되었다고 해도 좋을 것입니다. 이렇게 하나로 연결된 세계를 '근대 세계 시스템'이라고 부르기도 합니다.

특히 설탕 수입은 17세기 중반부터 먼저 바베이도스에서, 다음으로는 자메이카에서 설탕 혁명이 일어나면서 비약적으로 늘어났습니다. 1640년 무렵에는 그 수입량이 보잘것없었으나 1660년대가 되자 영국의 수입량 중 전체의 약 10%를 차지하게 되었습니다. 1700년 전후로는 두 배가 증가했고 1770년경이 되자 네 배로 증가했습니다(옆 페이지 그림 참조). 18세기 중반이 되자 영국인들은 평균적으로 프랑스인보다 설탕을 8~9배 정도 더 많이 섭취하는 국민이 되었습니다.

반대로 프랑스인은 카리브해의 섬에서 값싼 설탕을 만들었으나 홍차보다는 와인을 마시는 것이 일반적이어서 그다지 설탕이 필요하지 않았고, 따라서 프랑스에서는

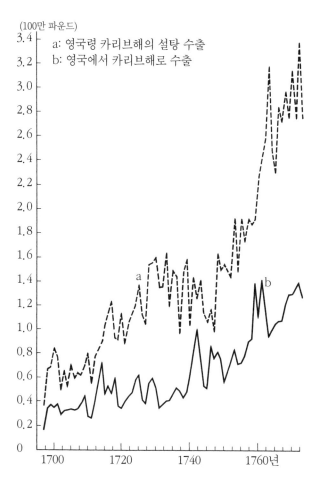

(100만 파운드)

a: 영국령 카리브해의 설탕 수출
b: 영국에서 카리브해로 수출

카리브해 지역을 상대로 한 영국의 무역

설탕이 오히려 남았다고 합니다.

설탕과 마찬가지로 차의 수입도 급격하게 증가했습니다. 차의 경우에는 더욱 극적이었다고 할 수 있습니다. 당시의 공식적인 무역 통계는 신뢰하기가 어려운 부분이 있는데 그 이유는 차를 수입할 때 높은 관세를 매겼기 때문에 관세를 내지 않으려고 밀수하는 사람들이 급격하게 증가했기 때문입니다. 이처럼 통계에 문제는 있으나 런던에서 커피 하우스가 유행하여 그곳에서 홍차가 팔리게 된 후에도, 예를 들어 1700년경의 수입액을 금액으로 환산해보면 고작 연간 8,000파운드 정도에 불과했습니다. 그러나 70년이 지난 후에는 그것의 100배가 되었습니다.

하나로 연결된 세계

즉 설탕의 수입량은 카리브해 지역에서 일어난 '설탕 혁명' 때문에 급격하게 증가한 것이었습니다. 그러나 그 '설탕 혁명'이 가능했던 것은 아프리카에서 대량의 노예를 공급한 것, 즉 비인도적인 노예무역이 대규모로 이루어졌기 때문입니다. 또한 영국에 설탕을 소비할 강한 수

요충이 있었기 때문이기도 합니다. 영국인이 이렇게나 설탕을 원한 또 한 가지 이유는 차에 설탕을 넣기 위해서였으므로 중국에서의 차 수입이 급증한 것도 '설탕 혁명'의 원인 중 하나라고 할 수 있습니다.

세계는 하나로 연결되었습니다. 조금 시간이 흐른 뒤의 일이기는 하지만 18세기에 활약한 어느 영국인 역사가가 다음과 같이 말한 것은 매우 중요합니다.

"우리 영국인은 세계의 상업·금융상 매우 유리한 지위에 있어서 지구의 동쪽 끝에서 들여온 차에, 지구의 서쪽 끝 카리브해 지역에서 가지고 온 설탕을 넣어 마셔도(각각에 운송비와 보험료는 들지만) 국산 맥주보다도 싼값에 먹을 수 있다."

이 설명을 제대로 이해하기 위해서는 일본에서 보는 세계 지도가 일본과 태평양을 중심으로 그리고 있는 것처럼, 영국의 세계 지도는 영국과 대서양을 중심으로 그리고 있어서 중국과 카리브해는 지도의 양쪽 끝에 위치하고 있다는 것을 알아야 합니다. 어쨌든 여기에서 말하고 있는 것은 유럽과 아시아, 아메리카, 아프리카를 연결하는 교역의 링크가 형성되고 영국이 그 중심에 서게 됨으로써 영국인은 세계인이 생산한 것을 가장 싼 가격에 손에 넣을 수 있게 되었다는 것입니다.

'차에 설탕을 넣는다'는 전대미문의 아이디어는 이와 같은 행복한 입장에 있었던 영국인에게만 가능했던 것입니다. 이것은 영국 특유의 생활문화가 되었는데, 그 그늘에는 무수히 많은 아프리카의 노예들과 아시아의 가난한 농부들의 눈물과 땀이 서린 노동이 있었다는 사실을 잊어서는 안 될 것입니다.

제4장
커피 하우스가 키워낸 근대 문화

와자지껄한 커피 하우스(17세기)

커피 하우스의 유행

'최근 런던의 여기저기에서 눈에 띄는 커피 하우스라는 것은 매우 편리하다. 그곳에서는 다양한 종류의 정보를 얻을 수 있다. 게다가 그곳에는 훌륭한 난로가 있어서 원하는 만큼 그곳에 앉아 있을 수 있다. 단 1페니만 있으면 커피 한 잔을 마시고 친구들과 담소를 나눌 수 있다.'

17세기 말 런던을 방문했던 어느 외국인은 이러한 관찰 기록을 남겼습니다.

현재 런던에는 찻집이라는 것이 없어서 약간 이상하게 느껴지지만 17세기 후반에서 18세기에 걸쳐 런던을 비롯한 영국의 도시에서는 커피 하우스라는 것이 대유행이었습니다. 영국 최초의 커피 하우스는 1650년에 대학가인 옥스포드에서 생겼다고 하는데 2년 뒤에는 런던에도 생겨 곧바로 크게 유행하였습니다. 1700년 전후에는 런던에서만 수천 개의 커피 하우스가 영업을 했다고 합니다.

커피 하우스에서는 차와 마찬가지로 외국산 음료인 커피를 팔았는데 그뿐만 아니라 홍차도 팔았고 유럽 밖에서 수입된 초콜릿도 팔았습니다. 초콜릿이 고형이 된 것은 상당히 훗날의 일입니다. 물론 이런 음료에는 반드시 설탕을 넣었기 때문에 커피 하우스는 설탕을 파는 곳이기도 했습니다. 또한 커피 하우스에 모인 사람들은 아메리카에서 수입한 새로운 기호품인 담배도 많이 피웠습니다.

즉 해외에서 온 새로운 음료나 기호품에 둘러싸인, 한없이 이국적인 느낌을 주는 장소, 그것이 바로 커피 하우스였던 것입니다.

이렇게 해서 설탕은 17세기 영국의 커피 하우스에서 본격적으로 홍차와 결합되었습니다. 이것이 티 하우스라고 불리지 않은 것은 처음에는 커피가 주류였기 때문이었습니다. 그러나 커피의 공급은 지속되지 않았고, 커피를 끓이는 것이 어렵기도 해서 일반 가정에는 보급되지 않았습니다.

정보센터 역할을 한 커피 하우스

이 시대의 영국인들은 담배 연기 자욱한 커피 하우스에서 우정을 쌓고, 정보를 교환하고, 서로 비판하며 토론을 벌였습니다. 그곳에서는 다소의 신분이나 경제력의 차이는 문제 삼지 않는 '자유로운' 분위기가 형성되어 있었습니다. 그 결과 근대의 문화라고 할 만한 대부분의 것들이 사실은 이 커피 하우스에서 탄생했습니다. 기피 하우스와 그곳에서 제공되는 설탕과 홍차, 그리고 커피는 말하자면 근대 문화의 탄생을 돕는 조산사와 같은 역할을 했던 것입니다.

물론 커피 하우스에서 모여 나누는 담소는 '잡담'이고, 커피 하우스 자체는 '지식의 나무에 기생하는 기생충'이라는 심한 비판도 받았으나 이곳을 '보이지 않는 대학'으로 간주하는 사람들도 적지 않았습니다.

실제로 커피 하우스에서 태어난 문화에는 어떤 것들이 있을까요?

커피 하우스에서 태어난 조직으로 가장 유명한 것은 과학자들이 모인 왕립협회입니다. 오늘날에도 이 협회의 회원이 되는 것은 노벨상을 받는 것과 마찬가지로 세계 과학자들의 꿈이라고 할 수 있습니다. 화학자 로버트 보일Robert Boyle이나 건축가 크리스토퍼 렌Christopher Wren이 그 창시자였습니다. 후에는 인력(중력)을 발견한 위대한 물리학자 뉴턴도 이 협회 회장을 역임했습니다. 17세기 후반 영국에서는 그들을 중심으로 많은 과학자

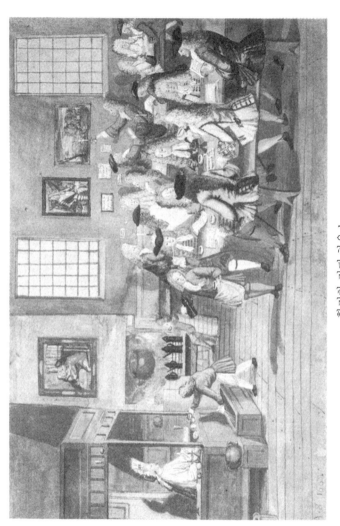

활기찬 커피 하우스

들이 출현하여 물리학을 비롯한 근대 과학의 기초가 성립되었기 때문에 역사가들은 이것을 '과학혁명'이라고 부릅니다. 이 과학혁명은 바로 커피 하우스에서 이루어진 집회와 정보 교환을 통해서 탄생했습니다.

정보 교환은 과학 정보에만 한정된 것이 아니었습니다. 그래서 이 시대엔 커피 하우스를 매개로 해서 정보 산업, 즉 신문과 잡지가 발달했습니다. 이 무렵 처음으로 탄생한 신문은 대부분의 뉴스를 커피 하우스에 모인 사람들에게서 취재했습니다. 신문을 읽는다는 것도 커피 하우스에서 누군가가 큰 소리로 읽으면 모두가 귀를 기울이는 형태였습니다.

커피 하우스에서 교환되는 정보는 경제에도 중요한 영향을 미쳤습니다. 이 시대는 잉글랜드 은행이라는, 일본으로 말하자면 일본은행에 해당하는 은행이 창설되어 국채나 주식 같은 증권류가 세상에 나오기 시작한 시기였습니다. 주식 등의 가격에 대한 정보도 커피 하우스로 집중되었기 때문에 증권회사와 은행, 보험회사 등도 커피 하우스에서 태어났습니다.

지금도 세계 최대의 보험회사는—실제로는 조합이라고 하는 편이 낫겠지만— 런던 로이즈 보험 조합이라고 합니다. 일본의 다양한 선박회사와 항공회사 등은 물론, 보험회사 자체도 최종적으로는 이 회사의 보험에 가입합니다. 이 회사도 원래는 유명한 커피 하우스였습니다. 보험회사로서는 반드시 다양한 경제 정보가 필요했기 때문에 정보센터 역할을 한 커피 하우스가 보험 조합으로 발전할 수 있었던 것입니다.

터진 '버블'

세계 역사에 남아 있는 경제상의 대사건은 커피 하우스가 주식과 국채 등의 증권 거래에서 커다란 역할을 담당하고 있었다는 사실을 증명합니다. 1720년에 일어난 '남해회사 거품사건'이 그것입니다. 영어로는 'South Sea Bubble'이라고 하는데 지금의 일본인들이 '버블 경제'라든가 '버블이 터졌다'라고 하는 것은 바로 이 사건에서 빌려온 용어입니다.

문제의 사건은 이렇습니다. 이 사건으로부터 약 10년 전에 스페인령의 남아메리카 식민지와 무역을 하는 회사로 남해회사라는 것이 창설되었습니다. '남해'라는 것은

증권 거래소에서 버블에 춤추는 사람들

서반구의 북회귀선보다 남쪽을 가리키는 것으로, 주로 스페인령의 남아메리카를 의미합니다. 이 회사는 노예가 부족한 스페인령의 식민지에 노예와 공업 제품을 판매하고 있어서 사람들은 잘만 하면 막대한 금액을 벌어들일 수 있겠다고 생각했습니다. 그래서 남해회사의 주식은 점점 가격이 올라갔고 덩달아 다른 회사의 주식도 점점 가격이 올라갔습니다. 그중에는 거의 알맹이가 없는 가짜 회사도 있었는데 그런 회사의 주식조차 가격이 올라갔습니다. 예를 들어 '영국 전체의 단층집을 이층집으로 만드는 회사'라든가 '굉장히 돈을 많이 버는 일을 하고 있으나 그 내용은 말할 수 없는 회사'까지 출현했다고 합니다. 이렇게 되자 사람들은 주식이라고 하는 것은 가지고만 있으면 돈을 버는 것이라고 착각하게 되었습니다.

그러나 이런 '버블', 즉 거품같이 위험한 회사가 오래갈 수는 없습니다. 1720년이 되자 주가가 갑자기 내려가기 시작해서 눈 깜짝할 사이에 대부분의 주식이 휴지 조각이 되어버렸습니다. 큰 부자가 되는 꿈을 꾸고 있었던 많은 영국인들이 반대로 빈털터리가 되어버렸습니다. 이것이 '남해회사 거품사건'입니다.

영국 의회는 이 사건에 질려서 '버블법'이라는 법률을

만들어 주식회사 설립을 원칙적으로 금지해버렸습니다. 이 '버블법', 즉 주식회사 금지법은 약 100년 동안이나 유지되었습니다.

약 10년에 걸친 이 대소동은 분명히 최근의 일본의 상황과 비슷하다고 할 수 있습니다(이 책이 발간된 해가 1996년이기 때문에 일본의 버블 경제가 붕괴된 직후임—역주). 광기에 사로잡힌 듯한 이러한 주식 거래는 그 대부분이 런던의 시티 City(영국의 금융지구로, 현재는 영국의 중앙은행인 뱅크 오브 잉글랜드[Bank of England]를 중심으로 한 600여 개의 금융기관이 모여 있음—역주)라고 불리는 금융 중심지에 있었던 다수의 커피 하우스에서 이루어졌습니다. 즉 주식 거래를 원활하게 할 수 있도록 한 것도 설탕과 커피, 차 등의 이국적인 음료였던 것입니다.

문학·정치와 커피 하우스

문학과 연극, 음악에 대해서 이야기를 나누는 커피 하우스도 많았습니다. 문학작품에 대한 평가는 커피 하우스에서 나누는 담소를 통해서 결정되었습니다. 이 무렵 영국에서는 『로빈슨 크루소』를 쓴 대니얼 디포와 『걸리버 여행기』를 쓴 조너선 스위프트가 등장했고 '소설'이라는 문학의 새로운 분야도 탄생했습니다. 커피 하우스는 소설의 출현에도 큰 역할을 담당했다고 할 수 있습니다.

커피 하우스에서 태어난 것 중에서 또 한 가지 중요한 것은 정당입니다. 크롬웰이 정권을 장악했던 청교도혁명 시대가 막을 내리고 크롬웰에게 처형되었던 찰스 1세의 아들 찰스 2세가 프랑스에서의 망명 생활을 마치고 1660년에 영국으로 돌아오게 됩니다. 그 무렵부터 영국에서는 토리와 위그(휘그)라는 '정당'과 유사한 형태의 모임이 탄생했습니다. 이후 영국의 정치는 이 두 정당이 서로 대항하면서 의회를 중심으로 이루어집니다. 이러한 형태에서 발전한 것이 정당정치로, 정당정치는 근대 정치의 기본이 되어 현재 일본에서도 채용하고 있습니다.

단 정당이라고 해도 당원이 등록되어 있는 제대로 된 조직이 아니라 막연히 '동지'와 같은 개념으로 이루어진 모임이었습니다. 토리파는 국왕과 영국 국교회의 힘을 강화하는 것을 중요하게 생각했고, 무역 상인들과 특히 대규모 지주 귀족 등으로 구성된 위그파는 국왕보다는 의회의 발언권을 강화하기를 원했습니다. 또한 토리파는 네덜란드나 프랑스와 대립하는 것을 피하고 자유로운 무역이 이루어져야 한다고 생각했으나 위그파는 영국의 무역에서 외국인을 배제하고 식민지를 점점 늘려가기를 원해서 이를 위해서는 전쟁도 불사해야 한다고 생각했습니다. 18세기 중반에는 위그파의 세력이 강해져 영국은 잇따라 프랑스와 전쟁을 벌이면서 식민지를 넓혀갔습니다.

그러한 전쟁 중에서도 가장 큰 전쟁 중 하나였던 프랑스와의 7년전쟁(1756~1763년)에서 영국이 승리했을 때 벌어진 일은 상당히 흥미롭습니다. 이 전쟁으로 영국은 남북아메리카와 인도에서 우위를 점하게 되었고, 영국 제국은 영국과 프랑스 사이에서 체결된 파리조약(1763년)으로 완성되었다고 합니다.

이 전쟁 도중에 영국은 일시적으로 카리브해에 있는 마르티니크와 과들루프라는 프랑스령의 설탕 식민지를 손에 넣었습니다. 이 두 섬에서는 설탕을 굉장히 싸게 생산할 수 있어서 자메이카 등의 영국령의 플랜터들에게는 큰 위협이 되었습니다. 이때는 결국 영국령의 섬에서 설탕 플랜테이션을 소유한 플랜터이자 국회의원이 된 사람들이 여러 가지 작전을 세워 이 두 섬을 프랑스에 반환해 버리고 그 대신에 당시 '눈만 내리는 황무지'였던 캐나다를 받기로 했습니다.

　이러한 논의도 커피 하우스를 무대로 사전에 진행되었고 이후 정식으로 의회에 제출되었습니다.

초콜릿 하우스

　1665년 런던에서는 중세 이후 가장 무서운 전염병인 페스트가 유행했습니다. 시체 처리조차 제대로 할 수 없어 짐수레로 시체를 날라 큰 구덩이에 던져 넣어야 할 지경이었습니다. 부유한 사람들은 시골로 도망치거나 페스트로부터 도망치기 위해 템스강에 배를 띄우고 그곳에서 생활하기도 했습니다. 그런 상황 속에서도 커피 하우스는 문을 열었다는 것이 유명한 에피소드로 남아 있습니다. 이듬해인 1666년에는 런던에서 역사에 남을 대화재—영어로 'The Fire'라고 하면 바로 이 대화재를 의미합니다—가 발생했는데 그런데도 커피 하우스는 금방 다시 일어섰습니다.

　이처럼 커피 하우스는 런던 사람들에게 사랑받고 크게 번영하였으나 그 전성기는 오래가지 못했습니다. 사람

18세기 영국의 초콜릿 하우스
(토머스 롤랜드슨[Thomas Rowlandson] 그림)

들이 자유롭게 드나들고 무슨 이야기라도 할 수 있었던
것이 커피 하우스에서 느낄 수 있는 제일 큰 즐거움이었
습니다. 그러나 그런 것은 크롬웰에 의한 혁명이 지속되
어 사회의 상하 관계가 역전될 만한 일들이 일어나 사람
들이 신분과 계층에 그다지 신경을 쓰지 않게 되었던 시
대에나 가능했던 것입니다. 세상이 안정되어가면서 사
람들은 같은 신분, 같은 계층끼리 모이게 되었습니다. 꼭
그렇지 않더라도 정당이든, 문학작품의 취향이든, 마음
이 맞고 같은 의견을 가진 사람들끼리 모이는 것은 너무

나 자연스러운 일입니다.

그래서 커피 하우스는 점차 '클럽'으로 변해갔습니다. 일본에도 현재 로터리 클럽이나 라이온스 클럽 등이 있는데 이러한 클럽들은 그다지 개방적이지 않습니다. 명탐정 셜록 홈스의 이야기에도 클럽이 자주 등장하는데 거기에서 볼 수 있는 것도 정해진 회원만이 들어갈 수 있는 폐쇄적인 조직입니다. 학교에도 클럽 활동이 있는데 학교의 클럽은 어떻게 생각해야 할까요?

커피 하우스가 쇠퇴한 데에는 또 한 가지 이유가 있습니다. 원래는 비교적 진지하고 품위 있는 장소였던 커피 하우스에서 술을 팔거나, 도박을 하게 되면서 그 품격이 떨어졌기 때문입니다. 이렇게 타락한 커피 하우스는 무슨 이유에서인지 몰라도 초콜릿 하우스라고 불리게 되었다고 합니다.

일찍이 이렇게나 번성했던 커피 하우스, 즉 찻집은 현재 영국에서는 찾아볼 수 없습니다.

대논쟁—차는 마약인가? 약인가?

커피 하우스가 쇠퇴하자 영국인이 설탕을 넣어 마시는 이국적인 음료 중에서 커피는 점차 그 지위를 잃어갔습니다. 또한 영국 동인도회사가 중국 무역에 성공하여 홍차를 손에 넣을 수 있었던 것에 반해 커피를 대량으로 입수하는 것은 어려웠다는 점도 큰 요인이었습니다.

그 결과 영국인, 그중에서도 상류계급의 귀족과 젠틀맨, 특히 귀부인들은 물론 부유한 도시의 시민들도 홍차에 설탕을 넣어 마시게 되었습니다.

그러나 홍차도, 설탕도 서민에게는 여전히 고가의 물품이었습니다. 예를 들어 영국 전역을 여행한 대니얼 디포는 북부의 어느 지방에서 평범한 농민이 홍차를 마시고 심지어 설탕까지 넣어 마시는 것을 보고는 깜짝 놀랐다고 합니다. 농민과 도시 서민들이 설탕과 차를 이용하는 것에 대해서는 한참 후에도 심하게 비판하는 사람들이 있었습니다. 세계에서 처음으로 '소설'을 쓴 작가 중 한 명이자 영국 경찰의 기초를 만들었다고 평가받는 헨리 필딩Henry Fielding은 가난한 사람까지 설탕을 넣은 홍차와 같이 사치스러운 음식을 먹는 것을 비판하였습니다. 심지어 그는 이것이 '최근에 런던에서 도둑이 늘어나고 있는 원인'이라고 주장했습니다.

이런 필딩의 비판도 포함해서 18세기에는 차를 마시는 습관에 대한 활발한 논의가 진행되었고 그것이 큰 논쟁으로 발전했습니다. 한편 차는 '약'이라는 생각도 여전히 남아 있었고 새뮤얼 존슨Samuel Johnson 박사처럼 기분 전환에 가장 적합하다는 사람도 있었습니다. 존슨 박사는 당시 문단의 대가로, 그의 주변에는 많은 소설가와 시인들이 몰려들었고 그는 또한 미식가로도 잘 알려져 있었습니다.

그러나 논평가들은 대부분 차를 마시는 것에 대해 비판적이었습니다. 특히 영국 국교회에 메소디스트Methodist파(18세기 영국 국교회의 성직자였던 존 웨슬리[John Wesley]의 복음주의 운동으로 형성된 개신교의 교파. 감리교—역주)라는 그룹을 만들어 전도한 존 웨슬리라는 종교가는 자신이 예전에 차 중독자였다는 사실을 고백하고 차 중독에서 벗어나는 것이 얼마나 힘든지에 대해서 이야기했습니다. 차를 끊자 삼일 밤낮 동안 의식을 잃고 열에 시달리는 등 마약과 같은 금단 증상이 있었다고 주장했습니다. 또한 친구와 함께 런던에 버려진 아이들의 수용소를 만들고 부랑자를 모아 군대에 입대시키는 활동을 했으며, 아마도 정확하지는 않지만 영국 남성 중에서 처음으로 우산을 썼다고 알려진 상사 직원 조너스 한웨이Jonas Hanway도 차에 대해서 맹렬하게 비판한 인물이었습니다.

그렇지만 아무리 강한 비판이 있어도 실제로 차를 마시는 습관은 점점 퍼져나갔고 그에 따라 설탕 소비도 늘어났습니다. 영국과 프랑스에서도 나라 전체의 무역 중에서 노예와 설탕무역이 큰 비중을 차지하게 되었습니다. 아메리카합중국이 독립하기 전인 1773년의 데이터에 따르면 다양한 지역에서 영국으로 수입되는 여러 가지 상품 중에서 대략 4분의 1 이상을 설탕 수입이 차지하고 있었습니다.

영국령 카리브해 식민지에는 6만 명이 채 되지 않는 백인에 비해 46만 명의 흑인 노예와 8,000명 정도의 해방 흑인이 있었습니다. 흑인 노예는 혹독한 노동으로 단명했기 때문에 연간 3만 4,000명의 흑인 노예가 아프리카에서 새로 유입되었습니다.

차를 마시는 습관이 보급되지 않아서 수입한 설탕의 상당 부분을 유럽의 다른 나라로 재수출했던 프랑스조차도 전체 수입의 8분의 1을 카리브해 지역에서 수입하는 설탕이 차지하고 있었습니다. 또한 총 1,000척이나 되는 배가 카리브해와 관련된 무역에 종사하고 있었습니다. 프랑스령 카리브해 섬의 인구는 백인이 6만 명, 흑인 노예가 44만 명, 해방된 흑인이 1만 명이었다고 합니다.

'설탕은 임금님'

카리브해 식민지들이 영국과 프랑스에 이 정도로 중요했다고는 해도 만약 노예무역이 없었다면 분명히 이 식민지들을 운영할 수는 없었을 것입니다. 영국의 리버풀과 마찬가지로 프랑스의 낭트는 노예무역의 기지였는데 그곳의 상공회의소가 다음과 같이 결의한 것은 어쩌면 당연한 일이었습니다. 즉 '기니 무역, 다시 말해서 노예무역만큼 국가에 소중하고 보호해야 할 무역은 없습니다'라고 한 것입니다.

동시대의 영국인의 말을 빌리자면 '위대한 설탕, 그것은 모든 상대를 이길 것'이라고 했을 정도로 설탕은 매우 중요했습니다. 이런 설탕의 위대함은 노예무역에 의해 지탱되었습니다.

노예와 설탕의 거래는 거대한 이익을 가져왔기 때문에 설탕 플랜터와 설탕과 노예무역을 하는 상인 중에는 대부호가 된 사람도 나타나기 시작했습니다. 그들은 자신의 아들과 딸을 영국으로 보내서 상류계급 자제들과 함께 교육을 받도록 했습니다. 그렇게 어렸을 때 카리브해를 떠나 영국에서 성장한 아이들은 카리브해 따위는 '돈이 열리는 나무' 정도로 여기고 호화로운 생활을 했습니다.

국왕 조지 3세도 놀라게 한 인물이 있었던 것은 앞에서도 언급했습니다. 이처럼 영국에서 살게 된 설탕 플랜터들의 대저택은 지금도 영국 각지에 남아 있는데, 특히 노예무역과 설탕 거래의 거점 중 하나였던 브리스틀이라는 서부의 항구마을 주변에는 그런 호화로운 저택이 상당수 남아 있습니다.

설탕 플랜터의 부유함은 다른 종류의 플랜테이션과 비교해봐도 너무나 명백합니다. 예를 들어 영어에는 '담배 귀족'이라는 말이 있습니다. 아메리카의 버지니아와 메릴랜드 식민지의 담배 플랜터들의 부유함을 나타내는 말입니다. '담배 귀족'은 일본에도 많이 있었습니다. 교토京都의 마루야마 공원円山公園 부근에는 조라쿠칸長楽館이

노예무역으로 번성한 영국 서부의 항구 마을 브리스틀. 제당공
장도 여러 개 있었다.

라는 멋진 서양식 건물이 있습니다. 베네치안 글라스 컬
렉션으로도 유명한 곳으로, 이곳도 교토 담배 상인의 것
이었습니다.

그러나 '담배 귀족'은 설탕 플랜터처럼 아이들을 영국
으로 보내 교육시키고 그대로 영국에서 귀족적인 생활을
누리게 하지는 않았습니다. 좀 더 정확하게 말하면 그렇
게까지 할 수 있을 정도로 부자는 아니었던 것입니다. 담

배 플랜터가 '귀족' 같다고 한다면 카리브해 지역 설탕 플랜터는 '임금님급'이었습니다.

이렇게 부유해진 상인과 시민이 생활 혁명의 주역이 되어 커피 하우스의 문화를 담당했던 것입니다.

제5장
차·커피·초콜릿

커피와 차, 초콜릿—각각의 산지를 나타내는
아라비아인, 중국인, 아즈텍인을 그린 17세기의 그림

가정에는 보급되지 않았던 커피

여기에 재미있는 그림이 있습니다(이번 장 표지 그림 참조). 17세기에 그린 것으로 아라비아인과 중국인, 아메리카 선주민, 즉 '인디오(아즈텍인)'가 등장합니다. 그 옆에 각각 커피, 차, 초콜릿 그릇이 놓여 있고 각자 음료가 든 컵을 들고 있습니다. 즉 이 시대에 유럽에서 급속하게 퍼진 세 종류의 이국적인 음료―이들 모두 대량의 설탕이 필요한 것이 문제였지만―의 산지를 인간의 모습으로 표현한 것입니다.

앞서 여러 차례 언급했듯이 영국에서는 이 음료들을 모두 커피 하우스에서 판매했습니다. 그러나 커피 하우스의 인기가 사그라들고 이런 음료를 가정에서 마시게 되면서 차가 그 주역의 자리를 차지하게 되었습니다. 영국에서 커피가 보급되지 않았던 가장 큰 이유는 영국령의 식민지에서는 커피를 수확할 수 없어서 충분한 공급이 불가능했기 때문입니다. 그러나 아마도 일반 가정에서 커피를 끓이는 것이 어려웠던 것도 커피 하우스에서 가정으로 보급되기 힘들었던 이유 중 하나일 것입니다.

일본에서도 제2차 세계대전 후 인스턴트 커피가 발명될 때까지 커피는 찻집에서 마시는 상당히 유행에 민감한 사람들의 음료로, 지금처럼 일반 가정에서는 마시지 않았습니다.

민중의 인기를 얻은 '밀수왕'

그렇다면 영국의 이런 '홍차 문화'는 영국 이외의 지역에서는 어느 정도로 보급되었을까요? 또한 영국 이외의 유럽 여러 나라에서는 무엇을 마셨을까요?

유럽에서 처음으로 차가 보급된 포르투갈에서도 그것은 왕실을 비롯한 극히 일부 사람들의 이국적인 취미에 그쳤습니다. 뒤이어 아시아에 진출한 네덜란드인도 포르투갈인 이상으로 광범위하게 아시아 무역을 전개하여 차를 입수할 수는 있었으나 네덜란드에서도 역시 모든 국민이 마시는 음료가 되지는 못했습니다. 오히려 네덜란드 동인도회사가 유럽에 가져온 차는 수요가 많은 영국으로 대량 밀수되었습니다.

이 시기에 영국에서는 관세가 높은 차와 담배, 그리고

프랑스산 와인 등이 빈번하게 밀수되었습니다. 특히 차는 어둠을 틈타 남부와 서부, 동부 등의 해안가로 들어와 지방에서 팔 것을 제외하고는 그날 밤 안으로 전부 런던의 매입점으로 운반되었습니다. 해안의 작은 항구 마을과 읍내에서는 주민 모두가 밀수를 부업으로 삼고 있는 경우도 있어서 당국에 신고하는 사람도 적었습니다. 지금도 영국 각지의 항구 마을에는 '밀수업자의 여관'이라는 숙소와 펍pub(술집)이 있으며 '밀수 박물관' 등도 어디에서나 볼 수 있습니다. 밀수업자는 민중의 '영웅'이라고까지 불렸습니다.

정부로서는 밀수가 성행하면 질서를 유지하지 못할 뿐만 아니라 관세 수입도 줄어들기 때문에 필사적으로 밀수를 단속하려 했지만 좀처럼 성공하지 못했습니다. 관세 공무원은 인원수가 적은 데다가 밀수업자의 배가 훨씬 빠르고 무기도 강력했습니다. 단속하러 간 관세 공무원이 죽는 일도 적지 않았습니다. 어쩌다 '밀수왕'을 잡아도 민중들의 반발이 거세어 현지에서는 재판도 할 수 없어서 범인을 런던까지 이송할 수밖에 없었다는 이야기도 전해집니다. 밀수 그룹 중 규모가 큰 것은 40명 정도로, 그들은 집단을 이루어 철포로 무장을 하고 말을 탔습니다. 당시에는 이런 집단을 단속하는 경찰이 없었으므로 그들을 잡기 위해서는 군대를 동원해야 했을 정도였습니다.

애를 먹던 정부는 자수한 자에게는 죄를 묻지 않겠다는 과감한 법률을 만들어 실태를 파악하고자 했습니다. 이때 자수한 거물 밀수업자의 증언이 남아 있어서 이를 통해 네덜란드와 프랑스, 아일랜드 등에서 들여온 대규모 차 밀수의 실태를 자세하게 알 수 있습니다.

이런 밀수는 18세기 내내 성행했습니다. 그러나 이후에 차의 관세가 대폭으로 내려가자 밀수는 매력이 떨어져 드디어 한풀 꺾이게 되었습니다. 또한 산업혁명이 일어날 무렵, 즉 1800년 전후가 되면 관세 시스템도 상당히 개선되고 단속도 더욱 강화되어 실질적으로 밀수는 어려워졌습니다.

'영국의 젠틀맨'인 척한 식민지 플랜터들

이처럼 영국을 제외한 유럽 여러 나라에서는 설탕을 넣은 홍차를 마시는 습관이 그다지 보급되지 않았습니다. 그러나 여기에도 예외는 있었습니다. 영국 식민지, 특히 아일랜드와 후에 합중국이 되는 아메리카 13개 식민지(영국이 북아메리카 대륙 동부를 중심으로 건설한 13개의 식민지를 가리킴. 후에 이 식민지들은 미국의 독립선언서를 기초하고 독립전쟁을 일으켜 미합중국을 건국하게 된다.—역주)가 그것입니다.

이 식민지로 이주한 영국인 지주들—아메리카의 담배 식민지 등에서는 플랜터라고 불렀는데—은 자신들을 영국인이라고 생각해서 가능한 한 영국인다운 생활을 하고자 했습니다. 따라서 그들은 본국에서 유행하는 것들에 민감했습니다. 그들은 영국에서 유행하는 옷을 입고, 영국의 책을 읽고, 영국의 가구를 사고, 영국인다운 여흥을 즐기려고 했습니다. 영국에서 유행하기 시작한 홍차 마시는 습관을 얼마 지나지 않아서 받아들인 것도 자연스러운 일이었습니다.

아메리카 식민지는 1607년에 처음으로 겨울을 넘기는 데 성공한 제임스타운을 시작으로, 17세기 후반에는 남부 버지니아와 메릴랜드 등에서 이루어진 담배 재배를 중심으로 급속하게 발전해갔습니다. 뉴잉글랜드로 불린 북부에서는 담배와 같은 '세계 상품'을 재배할 수는 없었으나 그곳의 주민 중에는 설탕만 재배하는 카리브해 식민지에 곡물과 목재를 수출하고, 반대로 그곳에서 설탕이나 럼주 등을 수입하여 돈을 버는 사람들도 있었습니다.

이렇게 북부에서도, 남부에서도, 아메리카 식민지의 주민들은 점차 풍족해졌습니다. 사망했을 때의 유산 목록을 보면, 개척 초기에는 통나무 오두막집에 램프와 싸구려 침대밖에 없는 빈곤한 생활을 했지만 18세기 중반이 되자 일찍 개척한 식민지의 플랜터들은 영국 사람들과 비교해도 뒤지지 않는 생활을 했습니다.

생활 스타일도 완전히 영국식으로 변해서 티 파티 등도 자주 열었습니다. 물론 차는 영국에서도 아메리카에서도 재배할 수 없어서 동인도회사가 중국에서 영국으로 수입한 것을 영국에서 아메리카가 다시 수입했습니다. 물론 포트나 스푼, 타월과 같은 '차와 관련된 다양한 물건'도 영국제가 아니면 폼이 나지 않는다고 생각했습니다. 포트와 컵은 가능하면 브랜드 물건을 선호했습니다. 어쨌든 플랜터는 '영국의 젠틀맨'처럼 행세하려고 했습니다.

원래 이 시대에 아메리카 식민지로 건너온 사람들의 출신지는 제각각이었습니다. 그중에는 영국이 아닌 독일 출신들도 상당수가 있었습니다. 영국 중에서도 스코틀랜드와 웨일스 출신들도 적지 않았는데 다들 '영국의 젠틀맨'의 생활을 모방했던 것입니다. 그러한 공통의 생활 목표를 가짐으로써 그들은 점차 동지라는 의식을 가지게 되었습니다. 그래서 한때는 식민지에서도 복장과 교양, 취미 모두 '영국의 젠틀맨'의 생활 스타일을 따라 하는 것이 상류계급의 증표처럼 여겨졌습니다.

이렇게 영국인을 '흉내' 내기 위해서는 영국의 식품과 잡화를 대량으로 구입해야 했는데 실제로 카리브해 지역 설탕 플랜터는 물론, 북아메리카의 담배 플랜터들도 영국에 담배를 팔아서 얻은 막대한 수입이 있어서 영국 제품을 구입하기는 쉬웠습니다. 영국의 무역 통계를 보면 18세기에는 막대한 양의 잡다한 공업 제품들과 차 등 식민지에서 생산된 물품이 아메리카 식민지로 수출되었습니다. 이것을 통해 영국에서 일어난 '생활 혁명'은 대서양 저편에서도 점점 진행되어갔다는 사실을 알 수 있습니다.

차를 보이콧한 식민지 사람들

그러나 이러한 아메리카 식민지 사람들의 생활이 갑작스럽게 변화하는 시기가 찾아왔습니다. 그것의 발단이 된 것은 영국이 프랑스를 물리치고 세계 상업의 패권을 잡게 된 7년전쟁이었습니다. 이 전쟁 동안 아메리카와 인도에서 프랑스군과 격렬하게 싸운 영국은 드디어 전쟁에서 승리를 거두었습니다. 1763년에 체결된 파리조약으로 캐나다 등을 손에 넣고 인도에서도 프랑스를 압도하게 되었습니다.

전쟁에는 이겼으나 이때 사용한 전쟁 비용 때문에 영국 정부는 많은 빚을 지게 되었습니다. 이 무렵 영국 정부는 잉글랜드 은행과 동인도회사 외에 '버블'의 주역이 된 남해회사 등에 차용증서를 넘기고 돈을 빌려 전쟁 비용을 마련했습니다. 이 큰 회사들은 정부의 차용증서(국채 또는 공채라고 합니다)를 일반인들에게 팔아 돈을 모았습니다. 물론 국채에 대한 높은 이자는 세금으로 지불했기 때문에 이것을 매매한 사람들뿐만 아니라 최종적으로는 이것을 가지게 된 사람들도 상당한 돈을 벌었습니다. 그러나 그만큼 국민들은 많은 세금을 내야 했습니다. 이런 행태에 대해서는 당연히 다수의 사람들이 불만과 불안을 느끼게 되었습니다.

게다가 18세기 동안 영국은 프랑스와 간헐적으로 전쟁을 지속했기 때문에 이런 상황은 오래갈 수 없었습니다. 어쨌든 1763년에 파리조약이 체결되기 이전에 이미 1689년에서 1697년까지는 아우크스부르크 동맹전쟁이 있었고, 1701년에서 1714년까지는 스페인 왕위계승전쟁이 일어났으며, 1740년부터 1748년까지는 오스트리아 왕위계승전쟁이 계속되었습니다. 그리고 마지막에는 7년전쟁이 일어났던 것입니다.

그렇기 때문에 매우 곤란한 처지에 있었던 영국 정부는 아메리카에서 벌인 7년전쟁이 선주민과 손을 잡고 프랑스군과 싸운 아메리카 식민지의 방위를 위한 전쟁이어서—영국인은 이 전쟁을 '프렌치·인디안 전쟁'이라고 불렀습니다— 식민지 사람들이 비용을 부담해야 한다고 주장하기 시작했습니다. 그리고 마침내 1765년에는 본국 의회에서 '인지법印紙法(인지조례)'을 가결하여 일방적으로 식민지에 대해 인지세를 부과하겠다고 선언했습니다. 인지세라는 것은 오늘날 일본의 소비세와 같은 것으로, 거의 모든 물품의 거래에 부과되는 세금이었습니다.

이에 분개한 식민지 사람들은 길거리나 술집에서, 가는 곳마다 항의 집회를 열고 폭동을 일으키며 영국의 수입품을 보이콧했습니다. 즉 이제 '영국의 젠틀맨' 흉내는 그만두기로 한 것입니다. 영국에서 온 홍차 등은 먹지 말고 그 대신에 식민지에서 만든 의복(홈스펀[homespun], 양털로 된 실을 사용하여 짠 직물—역주)을 입고 식민지의 음식을 먹자는 것이 이 운동의 취지였습니다.

보이콧이라는 단어는 소작인들을 너무 심하게 대해 소작인들로부터 '보이콧'당한 아일랜드의 영국인 지주 '보이콧 대령'의 이름에서 나왔습니다. 이곳 아메리카에서는 사람이 아닌 영국의 수입품을 향해 그 '창끝'을 겨누었던 것입니다.

영국 제품의 보이콧, 즉 불매운동은 대성공을 거두었고 결국 아메리카로 물품을 수출하는 것이 중지되었습니다. 영국은 항복할 수밖에 없었고 이듬해에 인지법을 폐지하게 되었습니다. 그러나 영국 정부의 재정난은 여전히 계속되어 그 이듬해인 1767년에 다시 식민지로 수출하는 종이, 페인트, 유리, 차 등에 세금을 부과하는 법령을 시행했습니다. 그러나 식민지 사람들은 '타운젠드 법'

이라고 불린 이 법률에 맹렬하게 반발하여 다시 보이콧을 시작했습니다. 식민지 측에서는 영국 의회가 식민지 주민들이 본국의 의회로 의원을 보내는 것은 허용하지 않으면서 마음대로 식민지에 과세하는 것을 인정할 수 없다고 주장했습니다.

커피와 코카콜라의 아메리카인

식민지의 반발에 겁을 먹은 영국 정부는 다시 양보하여 차 이외의 세금은 모두 폐지했습니다. 그러나 정작 중요한 차의 세금만큼은 양보하지 않았습니다. 영국에서 들여온 차는 세금이 부과되더라도 식민지로 밀수된 차보다 가격이 싸서 아메리카 식민지 사람들은 세금을 내더라도 영국의 차를 살 것이라고 생각했던 것입니다. 영국 정부는 식민지 플랜터들이 '영국의 젠틀맨'과 같은 생활을 누리고 싶어 하므로 당연히 그렇게 되리라고 생각했던 것입니다.

그러나 여기에는 큰 착오가 있었습니다. 식민지 사람들은 긴 보이콧을 경험하면서 오히려 '영국인처럼 살기'

보스턴 티 파티 사건

를 그만두고 '영국에서 온 차나 영국 제품을 사용하지 않는' 것으로 서로에 대한 연대감을 강화했던 것입니다. 즉 그들은 '영국인'이 되기보다는 '아메리카인'이 되는 것을 원하게 되었습니다.

1773년에 선주민으로 분장한 '자유의 아들들'이라고 부르는 집단이 차를 싣고 보스턴항으로 들어온 세 척의 영국 배에 몰래 잠입하여 선적한 차를 바다에 버리는 사건이 일어났습니다. 이것이 역사적으로 유명한 '보스턴 티 파티 사건Boston Tea Party'—'보스턴 차 사건' 또는 '차당(茶黨)사건'이라고도 번역합니다—입니다. 이것은 식민지 사람들의 영국에 대한 적대적인 감정을 더욱 부채질하여 아메리카 독립운동의 결정적인 계기가 되었다고 합니다.

그러나 이 책의 목적은 아메리카 독립운동의 원인을 설명하는 것이 아닙니다. 문제는 설탕을 넣은 홍차입니다. 두 번에 걸친 보이콧을 거치며 아메리카 13개 식민지의 사람들은 예전처럼 영국의 유행을 좇는 것에 열광하지 않게 되었습니다. 물론 독립 후에도 그들의 생활이 갑자기 영국 스타일에서 멀어지지는 않았으나 무엇이든 '영국 스타일'로 하겠다는 생각은 사라지게 되었습니다. 사정이 이렇게 되자 영국을 경유하여 들어온 차를 무리해서 마시는 것은 너무나 우스꽝스러워 보였을 것입니다. 생각해보세요. 거의 지구의 4분의 3바퀴 정도를 도는 것입니다. 아메리카에는 좀 더 아메리카다운 음료가 있었겠지요.

원래 홍차는 물론 컵, 소서saucer(받침접시), 포트, 티 타월과 슈가 포트 등 '차와 관련된 다양한 물건'을 갖추고 영국식 생활을 하며 '영국의 젠틀맨'처럼 되기를 원했던 식민지 사람들이 이제는 아메리카다운 생활양식을 추구하게 되었습니다. 결국 19세기 아메리카는 홍차보다 중남미에서 수확한 커피를 마시는 나라가 되었고 훗날에는 코카콜라의 나라가 되었습니다. 이렇게 된 출발점은 애

당초 여기에 있었다고 생각합니다.

덧붙여 말하자면 독립한 아메리카는 한동안 영국령의 카리브해 식민지와 무역을 할 수 없었습니다. 이 무역은 아메리카에게 큰 이익을 가져다주는 것이어서 영국 정부가 이를 금지해버렸던 것입니다. 그러나 영국령의 식민지는 아메리카로부터 식량을 구입했기 때문에 이 무역이 중지되자 그들이 더 큰 타격을 입었습니다. 게다가 아메리카는 프랑스령의 식민지, 특히 그 무렵 갑자기 사탕수수 재배가 증가한 생도맹그(스페인어로는 히스파니올라)섬과의 거래가 활발했기 때문에 이 큰 섬의 개발이 진행되면서 영국령의 설탕 식민지들에게는 만만치 않은 경쟁 상대가 되었습니다.

프랑스의 카페

이처럼 초기에는 '영국 문화'가 강하게 뿌리내리고 있었던 아메리카 식민지는 이후 약간 다른 길을 걷게 됩니다. 그렇다면 영국 이외의 유럽 여러 나라는 어땠을까요? 프랑스인이 와인을 많이 마셔서 그런지 차에는 그다지 관심이 없었던 것에 대해서는 앞에서도 언급했습니다. 원래 이 나라에서는 설탕 소비량이 영국보다 훨씬 적었습니다. 그러나 그런 프랑스에서도 17, 18세기에는 영국에서 말하는 커피 하우스, 즉 카페가 대유행을 하게 되었습니다.

커피가 터키에서 프랑스 남부의 항구 마을인 마르세유에 등장한 것은 17세기 중반이라고 추정됩니다. 이후 프랑스의 큰 마을에서는 다수의 카페가 생기며 번성했습니다. 초기의 카페로 유명했던 것은 이탈리아의 시칠리아섬에서 온 프로코프라는 인물이 만든 가게(1686년 개점)였습니다. 이 카페는 문학자 등의 지식인과 사상가가 모여드는 것으로 유명했습니다. 시대가 조금 지나자 18세기의 유명한 계몽사상가인 볼테르와 디드로가 방문하기도 했습니다.

프랑스 혁명의 시대가 되자 카페는 혁명파, 반혁명파를 불문하고 여러 정치 세력에 속하는 인물들이 모여드는 장소가 되었습니다. 영국의 커피 하우스가 '정당'을 만든 것과 같습니다. 단 영국과 다른 점은, 프랑스의 카페는 그 뒤에도 살아남아 19세기 이후 파리에서는 많은 화가와 예술가가 모이는 문화센터 역할을 담당했다는 것입니다. 매우 화려했던 것에 비해서 100년 정도의 세월이 흐르자 쇠퇴해버린 영국의 커피 하우스와는 다르게 프랑스의 카페는 그 수명이 길었습니다.

어쨌든 이처럼 이 장의 초반에 등장한 설탕을 넣은 세 종류의 이국적인 음료―커피와 차 그리고 초콜릿― 중에 굳이 말하자면 프랑스는 '커피의 나라', '카페의 나라'가 됐습니다. 아쉽게도 프랑스 가정에서는 커피를 얼마나 마셨는지 알 수 없으나 그것은 역시 상당히 어려웠을 것입니다. 아마도 프랑스에서는 가정에서 마시기 힘든 커피가 이국적인 음료의 중심이 되었기 때문에 카페가 존속된 것이 아니었을까요? 반대로 홍차를 선택한 영국은 가정에서도 손쉽게 만들 수 있는 홍차가 '가정의 음료'가 되어 커피 하우스의 유행이 사그라든 것은 아닐까요?

아즈텍에서 온 선물―초콜릿

프랑스 이외의 유럽 여러 나라는 어떨까요? 유럽에서는 대부분의 국가가 영국과는 달리 자국산 와인이 풍부했기 때문에 영국만큼 '외래 음료'에 의존할 필요가 없었

카카오 콩을 볶는 아즈텍인

던 것도 사실입니다. 그러나 이런 여러 나라―스페인과 포르투갈, 네덜란드, 스웨덴 등 스칸디나비아의 여러 나라, 오스트리아, 오늘날의 독일 일부에 해당하는 프로이센 등―에서도 17세기 전후에는 아시아와 아메리카에서 들여온 설탕이 든 이국적인 음료에 상당히 매료되었습니다.

특정 나라에 집중되지 않고 유럽 여러 나라에서 널리 보급된 것으로는 초콜릿이 있습니다. 설탕을 어떻게 소비하는지를 보여주는 예로서도 매우 중요한 의미가 있으므로 잠시 유럽의 초콜릿의 역사에 대해서 살펴보겠습니다.

1528년에 아즈텍제국을 멸망시킨 스페인의 에르난 코르테스 원정대는 아즈텍인이 쇼코아트(쓴 물이라는 의미)라고 부르는 초콜릿을 본국으로 가져왔다고 합니다. 또한 그보다 전에 콜럼버스가 쇼코아트를 유럽에 가지고 왔다는 설도 있습니다.

초콜릿은 카카오 열매로 만드는데 스페인 사람들은 그 제조법을 오랫동안 비밀로 해왔습니다. 초콜릿을 처음으로 먹은 사람은 카를로스 1세(신성로마제국 황제로서는 칼 5세)입니다. 그는 당시 스페인 왕이면서 오늘날의 독일 지역을 지배하고, 이념적으로는 유럽 전체의 지배자라고 불렸던 신성로마제국 황제의 지위도 겸하고 있었습니다. 이 음료에 설탕을 넣은 것도 카를로스 1세라고 알려져 있습니다. 설탕과 초콜릿은 절묘한 조화를 보여주어 스페인 왕실 사람들은 이것에 깊이 빠졌습니다. 이 무렵 스페인에서는 초콜릿을 수도원에서도 많이 마셨다고 합니다.

이처럼 스페인이 비밀로 해왔으나 이 강렬한 음료에 대한 소문은 여행객과 성직자, 선원 등을 통해 유럽 전체로 퍼져나갔습니다. 16세기에는 의복 스타일도 그렇지

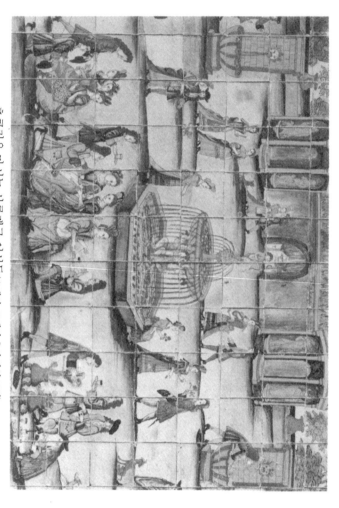

초콜릿을 마시는 상류계급 여성들(스페인, 18세기 초의 타일 그림)

만, 스페인이야말로 유행의 최첨단을 걷는 나라였기 때문에 많은 유럽인들은 이들의 생활문화에 주목하고 있었고, 따라서 이 사실을 감추기는 어려웠습니다.

결국 1607년에 안토니오 카를레티라는 이탈리아인이 제조법을 훔쳐 그때부터 유럽 전체에 초콜릿을 마시는 취미가 확산되었습니다. 1609년에는 『초콜릿 마시는 법』이라는 제목의 스페인어 책이 멕시코에서 출판되었습니다. 1648년에는 영국인도 카리브해 지역에서 초콜릿을 어떻게 사용하는지 책으로 엮었습니다. 원래 스페인령이었던 자메이카에서는 흑인 노예가 이것을 즐겨 마셨다고 합니다.

그러나 영국에 초콜릿이 알려진 것은 1657년으로, 런던 주재의 프랑스인이 판매하기 시작하면서부터라고 합니다. 한편 1615년에 겨우 열네 살의 나이로 프랑스 왕 루이 13세와 결혼한 스페인 왕녀 안나와 1660년에 역시 루이 14세의 부인이 된 마리아 등이 프랑스 왕실에서도 초콜릿을 마시는 습관을 보급시켰습니다. 이 시대의 프랑스 왕실은 베르사유에 커다란 궁전을 건설해 화려한 왕정문화를 보여주기 시작했으므로, 그 영향은 금세 전 유럽으로 번져나갔습니다. 프랑스인은 카리브해의 식민지에 카카오 플랜테이션을 만들었습니다.

특히 루이 14세는 '태양왕'이라고 불릴 정도로 온갖 영화를 누렸기 때문에 그가 마신다는 초콜릿은 1660년대가 되자 스페인은 물론 이탈리아와 프랑스 귀부인의 음료로 유럽 전체에 퍼져나갔습니다. 이탈리아에서는 가톨릭의 본산인 로마 교황청의 추기경이라는 중요한 지위에 있던 인물이 '단식 중에 초콜릿을 마시는 것은 가능한가?'라는 문제를 제기하고 '초콜릿은 액체이기 때문에 단식에 위반되지 않는다'라는 대답을 스스로 생각해냈다고 합니다. 설탕에 대해서 비슷한 핑계를 댄 옛날의 저명한 신학자 토마스 아퀴나스에게서 배운 것이겠지요.

초콜릿도 '약'?

앞에서 여러 번 언급했듯이 영국에서는 커피 하우스에서 초콜릿을 팔게 되었습니다. 해군성의 관리이자 재미있는 일기를 남긴 것으로 알려진 새뮤얼 피프스는 이미 1662년에 '위를 안정시키기 위해서' 아침부터 초콜릿을 마셨다는 사실을 기록하고 있습니다. 이를 통해 당시 초콜릿이 가정에도 보급되었다는 사실을 추측할 수 있습니다.

그 후 커피 하우스 중에서도 초콜릿 하우스라고 불리는 것이 늘어났다는 사실은 앞 장에서도 언급했습니다. 초콜릿 그 자체는 유럽과 영국에서 귀부인이 마시는 음료였으나 초콜릿 하우스는 치정 싸움이 많이 일어나는 타락한 곳이라는 인상을 주었습니다. 영국의 화가 윌리엄 호가스William Hogarth(다음 장 참조)가 그린 그림에서 볼 수 있는 것은 초콜릿 하우스에서 언제나 술주정뱅이가 소란을 피우고 있는 장면입니다.

그렇다고는 해도 초콜릿의 매력은 매우 강렬했던 듯합니다. 일찍이 1697년에는 벨기에를 방문한 취리히의 시장이 스위스로 초콜릿을 가져갔고 비슷한 시기에 프로이센(지금의 독일 동부) 등지에도 전해졌습니다. 1747년에는 프로이센의 유명한 국왕인 프리드리히 대왕이 "초콜릿 필요하세요? "라고 고함치며 그것을 판매하는 아이들의 소리에 질려 초콜릿 행상을 금지하기까지 했다고 합니다.

그런데 차와 설탕, 커피와 마찬가지로 초콜릿도 뭔가 신비한 음료라고 여겨 이것을 약이라고 생각하는 사람들이 많았습니다. 유명한 프로이센의 박물학博物學 연구가인 알렉산더 폰 훔볼트Alexander von Humboldt는 몇 년간 중앙아메리카에 체류하면서 그 토지의 식물을 연구한 끝에 '카카오콩은 믿을 수 없을 정도로 영양분을 듬뿍 담고 있는 보고寶庫'라고 했습니다. 네덜란드에서도 암스테르담의 의사가 '초콜릿은 맛만 좋은 것이 아니라 입안에 산뜻한 향을 남기고 임파선과 체액을 정화하는 역할을 한다'고 단언했습니다. 임파선이 붓거나 체액이 이상해지는 것이 병의 원인이라고 생각했던 시대였으니 말하자면 이 의사는 초콜릿이 만병통치약이라고 이야기했던 것입니다.

고형 초콜릿의 시작

그러나 초콜릿 생산이 공업화된 것은 19세기가 되면서부터입니다. 우선 1820년대에 네덜란드의 반 후텐van Houten사는 분말 초콜릿을 제조하는 방법으로 특허를 따냈습니다. 분말 초콜릿은 지금도 일본에서 판매하고 있는 '코코아'를 가리킵니다. 1847년에는 영국의 서부 항구 마을인 브리스틀에 있었던 프라이사(Fry's로 알려진 영국의 초콜릿 회사—역주)가 카카오에 코코아 버터와 설탕을 넣어 '먹을 수 있는 초콜릿', 즉 고형 초콜릿을 만들었습니다. 그리고 1875년에는 스위스인 다니엘 피터가 네슬레사의 앙리 네슬레가 만든 가루우유를 섞어 '밀크 초콜릿'을 완성함으로써 거의 오늘날의 초콜릿 형태가 완성되었습니다.

이 고형 초콜릿은 의외로 일본에도 일찍 소개되어 1878년에는 도쿄의 후게츠도風月堂가 '초코레이토貯古齡糖'라는 이름으로 판매했습니다. 초콜릿이라고 하면 발렌타인 데이를 연상하는 분도 계시겠지만 물론 초콜릿과 발렌타인 데이는 아무런 관계가 없습니다. 옛날 영국에서는 발렌타인 축제일에 목사가 마을 아이들에게 용돈으로 동전을 주는 풍습이 있었다고 합니다.

'세계 상품'으로서의 초콜릿

초콜릿은 오늘날 전 세계에서 사랑받고 있는데 이것 또한 차와 커피처럼 또 다른 '세계 상품'인 설탕과 만남으로써 금세 인기를 얻어 그 자체가 '세계 상품'이 되었습니다. 그래서 카카오도 기후조건이 맞는 열대지방에 플랜테이션을 건설해 재배했습니다. 그곳에서도 당연히 많은 흑인 노예들이 일하고 있었습니다.

카카오콩은 상당히 오랜 기간 동안 베네수엘라 등 스페인령 식민지가 생산의 중심지였으나 지금은 브라질과 일찍이 프랑스령 식민지였던 서아프리카의 코트디부아르 등이 주요 산지입니다.

그러면 다시 설탕에 대한 이야기로 돌아가겠습니다.

제6장
'설탕 있는 곳에 노예 있다'

경매에서 팔리는 흑인 아기

화가 호가스와 흑인들

화가 윌리엄 호가스는 통렬한 야유를 담아 18세기 영국의 정치와 사회의 모습을 그림으로 표현했습니다. 호가스의 작품은 대부분 연속적으로 연결된 여러 장의 그림이 하나의 이야기로 완성되는 경우가 많습니다. 현재 런던의 국립 미술관(내셔널 갤러리)에 있는 「결혼 세태」(1745년)도 그런 작품 중 하나입니다. 상류계급인 지주, 즉 젠틀맨의 아들과 미천한 태생이지만 대부호가 된 상인의 딸이 결혼하는데 이들은 영국 특유의 정략결혼이 어떻게 진행되는지를 잘 보여주고 있습니다. 그중에서도 특히 유명한 것은 금화를 산더미처럼 쌓아놓고 부를 자랑하는 상인 가족과 훌륭한 가계도를 자랑스럽게 꺼내는 지주 가족을 각각의 변호사가 중개하는 그림과 결혼 후 젊은 마님이 살롱에서 생활하는 모습—인기 오페라 가수 등 추종자들에게 둘러싸여 시간을 헛되이 쓰고 있는—을 보여주는 그림 등입니다.

이렇게 호가스의 회화는 18세기 영국의 지주와 상인으로 이루어진 부유한 상류계급의 생활을 보여주고 있는데

호가스 「결혼 세태」에서

그 그림에서 왠지 자주 등장하고 있는 것이 흑인인 하인
들입니다.

실제로 이 시대에는 영국 상류계급 사람들 사이에서
흑인 소년을 하인으로 두는 것이 하나의 유행이었습니
다. 앞에서도 등장한 존슨 박사도 흑인 하인을 둔 것으로
알려져 있습니다. 그래서 제일 많았을 때는 런던에서만
만 명 이상의 흑인 하인들이 있었다고 합니다. 영국인은
하인들에게 개와 고양이에게 붙이는 애완동물의 이름을

붙이고 때로는 목걸이를 채우기도 했습니다.

그러나 호가스의 그림 속에 자주 흑인 하인들이 등장하는 것은 그것이 일반적이었기 때문만은 아닌 듯합니다. 그는 흑인 하인을 등장시켜서 다음과 같은 사실을 말하고 싶었던 것이 아닐까요?

즉 영국의 '풍요로운 사회'는 카리브해 플랜테이션에서 흑인 노예가 만든 설탕 같은 식민지 생산물의 거래로 얻어진 것이라는 사실 말입니다. 주전자, 못, 비누, 성경, 모직물과 면직물 등의 영국 제품들도 많이 팔리게 되었지만 플랜터들이 그것을 살 수 있게 된 것은 영국인이 설탕과 같은 식민지 생산물을 많이 샀기 때문입니다. 따라서 카리브해 설탕 생산과 아메리카의 담배 생산은 영국의 공업 발전과도 연결되어 있었던 것입니다.

호가스는 「결혼 세태」의 주인공인 귀부인이 몸에 익힌 영국 상류계급의 '우아하고' '세련된' 문화와 습관도 '가장 야만스럽고' '천하다'고 여긴 흑인 노예의 희생을 바탕으로 성립된 것이라는 사실을 말하고 싶었던 것이 아닐까요?

세계 무역의 주도권 싸움을 한 유럽의 여러 나라

설탕과 담배와 같이 식민지에서 생산된 '세계 상품'을 거래하는 것은 막대한 수입과 큰 이익을 가져왔기 때문에 영국과 프랑스는 18세기 동안 세계의 상업과 식민지의 지배권을 둘러싸고 단속적으로 전쟁을 벌였습니다. 특히 영국과 프랑스 사이에서 벌어진 전쟁은 중세에 일어난 양국 간의 긴 전쟁—'백년전쟁'이라고 하는—에 견주어 '제2차 백년전쟁', 또는 식민지 쟁탈전이 중심이 되었기 때문에 '식민지 백년전쟁'이라고 부르기도 합니다.

전쟁의 주된 목적은 남북아메리카와 인도에서 식민지를 확보하는 것이었지만 스페인령의 남아메리카 식민지에 노예를 공급할 권리를 둘러싸고 싸우는 것도 중요했습니다. 스페인은 남아메리카에 넓은 영토를 가지고 있어서 노동력만 있다면 설탕을 만들 수 있었는데, 아프리카에는 거점이 없었기 때문에 자신의 힘으로는 아프리카의 노예들을 확보할 수 없었습니다. 스페인은 노예를 간절히 원했습니다.

그래서 스페인 정부는 노예를 사들이기 위해 외국과

계약을 맺었습니다. 이 계약을 아시엔토asiento라고 하는데 아시엔토에 따라 노예의 공급을 맡게 되면 상당한 수입을 얻을 수 있어서 노예무역을 하고 있던 영국, 프랑스, 네덜란드, 포르투갈 등 여러 나라들이 어떻게든 필사적으로 이 계약을 따내려고 했습니다.

바로 이것이 18세기 유럽에서 전쟁이 자주 일어난 이유 중 하나입니다. 18세기 초에 일어난 스페인 왕위계승전쟁, 이어서 발발한 오스트리아 왕위계승전쟁, 18세기 중반의 7년전쟁이 모두 노예무역과 관련이 있습니다.

그중에서도 영국과 프랑스의 싸움은 7년전쟁으로 결론이 났습니다. 영국은 아메리카와 아시아에서 승리를 거두었고 프랑스령 카리브해의 설탕 식민지 두 곳—마르티니크와 과들루프—도 점령했습니다. 그러나 앞에서도 설명했듯이 이 섬들이 너무나 값싼 설탕을 생산했기 때문에 영국 국내의 설탕 가격이 떨어질 것을 염려한 영국령 설탕 플랜테이션 관계자들이 맹렬하게 반대했습니다. 결국 전쟁이 끝난 후에 체결된 파리조약(1763년)에서 이 두 곳과 캐나다를 교환하게 되었습니다.

그렇다고는 해도 파리조약은 영국이 세계 무역의 지배권을 거머쥔 것을 의미했습니다. 그만큼 식민지의 부가 영국으로 흘러들어오게 된 것입니다. 영국 상인들은 노예무역으로 돈을 벌고, 노예가 만든 설탕 거래로 벌고, 설탕 플랜테이션에 영국 제품을 수출하는 것으로도 돈을 벌었습니다. 영국이 점점 더 '부유한 사회'가 되어간 것은 말할 필요도 없을 것입니다.

흑인 서머싯에 대한 판결

이 장의 앞부분에 등장한 호가스라는 화가는 친구와 협력하여 런던에 버려진 불쌍한 아이들을 키우기 위한 시설을 짓는 등 자원봉사 활동에도 힘을 기울인 인물이었습니다. 그가 노예제도 그 자체에 대해서 어떻게 생각했는지는 확실하지 않으나 어쩌면 노예해방을 바랐을지도 모르겠습니다. 왜냐하면 그의 친구 중에는 훗날 곤궁한 흑인들을 영국에서 아프리카로 돌려보내는 운동을 전개하여 서아프리카에 시에라리온 식민지(지금은 독립국이 되었습니다. 영국의 식민지였던 서아프리카 4개 국가[감비아, 시에라리온, 가나, 나이지리아] 중 하나. 시에라리온의 수도 프리타운은 1787년에 영국의 노예 폐지론자들이 노예 송환을 위해 만든 곳이었음―역주)를 만든 조너스 한웨이도 있었기 때문입니다.

　18세기 영국에서는 좀 더 확실한 태도를 취하는 사람들도 나타나기 시작했습니다. 퀘이커 교도와 메소디스트 학파 등 비교적 새로운 크리스트교 신자 집단이 흑인 노예들의 입장에 서서 그들에게 동정을 표하게 된 것입니다. 예를 들어 샤프Sharp 형제는 영국 국내에 있는 흑인들을 구제하기 위한 활동에 특히 힘을 쏟았습니다. 이런 사람들의 노력이 결실을 맺어 1772년에는 도망친 흑인 하인인 제임스 서머싯James Somerset 사건을 둘러싸고 '영국 본국에 있는 한 흑인은 노예가 아니다'라는 판결이 내려졌습니다. 이것은 영국 내에는 노예제도가 존재하지 않는다는 사실을 확인한 획기적인 판결이었습니다.

　영국령 카리브해 식민지에서는 1807년에 노예무역이 폐지되었으나 흑인 노예제도 그 자체는 1833년까지 폐지되지 않았습니다. '노예가 만든 값싼 설탕'에 대한 영국인들의 집착이 너무나 강했기 때문입니다. 트리니다드토바고의 총리이기도 했던 역사가 에릭 윌리엄스가 말한 대로 '설탕 있는 곳에 노예가 있었던' 것입니다.

카리브해 최초의 흑인 국가 아이티

프랑스령 식민지에서 흑인의 지위 향상이라는 관점에서 볼 때 놀랄 만한 일이 일어났습니다. 1789년에 프랑스 혁명이 시작되고 뒤이어 나폴레옹 전쟁이 시작되어 프랑스 본국은 큰 혼란에 빠져 있었습니다. 그래서 프랑스 정부는 지구 반대편에 있는 카리브해에 관한 문제를 생각할 여유가 없었습니다. 이때를 틈타 프랑스령 카리브해 식민지에서는 '물라토'라고 불린 흑인과 백인의 혼혈인들—그들도 넓게는 흑인으로 분류되었습니다—이 앞장서서 반란을 일으켰습니다. 특히 지금의 아이티와 도미니카공화국이 있는 생도맹그(히스파니올라)섬에서도 지도자인 투생 루베르튀르Toussaint L' ouverture의 지휘하에 큰 반란이 일어났습니다.

이 반란은 투생 루베르튀르가 체포되면서 실패로 끝났으나 1804년에 그의 부하였던 장자크 드살린Jean-Jacques Dessalines의 지휘하에 드디어 독립을 선언하게 되었습니다. 최초의 흑인 국가인 아이티가 성립된 것입니다. 이 독립은 1770년대에 있었던 아메리카의 독립과 1830년대

투생 루베르튀르(1743~1803)

에 집중되어 있는 중남미 여러 나라의 독립 사이에서 중간 지점에 위치한 것이었습니다. 단 아메리카와 중남미 여러 나라—멕시코와 아르헨티나, 페루, 브라질 등—는 유럽에서 온 백인이 주체가 되어 독립을 이루었으므로 흑인이 주체가 되어 독립을 이룬 국가는 오랫동안 아이티 단 하나밖에 없었습니다.

당밀과 럼주—북아메리카 식민지의 불만

설탕 생산은 플랜터와 상인들에게 커다란 이익을 안겨

주었는데 그러한 이익은 제당 과정에서 생기는 부산물에서도 나왔습니다. 간단히 말하면 설탕은 수확한 사탕수수를 축력과 풍력을 사용하여 천천히 회전시키는 맷돌로 짠 후 이 즙을 여러 번 졸여 결정으로 만드는 과정을 거쳐 생산됩니다. 그런데 이때 결정이 되지 않고 찌꺼기가 남아 당밀(몰라세스[molasses])이 생기기도 합니다.

영국인과 북아메리카 식민지 사람들은 당밀을 고급 꿀의 대용품으로 사용하여 빵에 발라 먹기도 했으나 대부분은 양조 과정을 거쳐 럼주라는 강한 알코올 음료로 만들었습니다. 럼주는 아프리카 사람들과 카리브해에 끌려온 노예들, 또한 개척 시대에 혹독한 환경 속에서 생활했던 식민지 사람들에게 매우 인기가 있어, 카리브해에서 북아메리카와 아프리카로 보내는 중요한 수출품이 되었습니다.

처음에는 럼주와 당밀을 카리브해에서 영국령의 북아메리카 식민지로 수출하고 그 대신에 곡물과 목재 등을 들여왔습니다. 그러나 노예가 늘어나 카리브해 식민지에서도 소비량이 증가하게 되자 18세기부터는 영국과 아일랜드에도 대량으로 수출하게 되었습니다. 아프리카에서는 럼주를 노예와 교환했습니다.

영국에서는 프랑스와 대치하면서 17세기 말부터 프랑스의 특산물인 와인의 수입을 대부분 금지했습니다. 그 대신에 포르투갈산 와인으로 대체했는데 그 외에 럼주도 대용품으로 인기가 있었습니다. 18세기 영국에서는 펀치라는 알코올성 음료가 유행했는데 이것은 와인과 위스키에 여러 가지 과일을 넣은 것입니다. 럼주는 이 재료로도 많이 사용되었습니다. 요즘 일본의 찻집에서 볼 수 있는 후르츠 펀치라는 음료에는 알코올이 들어가 있지 않지만 당시 영국에서는 강한 알코올 음료였습니다. 영국인들이 프랑스산 와인을 다시 마시기 시작한 것은 1860년으로, 관세가 큰 폭으로 낮아지면서부터라고 합니다.

18세기 전반 영국에서는 위스키에 주니퍼베리Juniper Berry라는 향료를 넣은 진이 싸게 유통되어 많은 사람들이 알코올 중독에 빠졌고, 따라서 이것은 심각한 사회문제가 되었습니다. 윌리엄 호가스가 진을 그만 마시고 알코올 도수가 낮은 맥주를 마시자는 캠페인을 위해서 그린 조판 그림(판화)—비참한 '진 골목'과 훌륭한 '맥주 거리'—은 매우 유명합니다. 결국 18세기 중반에는 '진 규제법'이 나와 진에 대한 단속이 심해졌습니다. 럼주와 펀치는 이 법률에 해당되지 않아서 대량으로 유통되었습니다.

북아메리카 식민지 사람들이 보기에는 설탕과 마찬가지로 사실은 프랑스령 카리브해에서 생산된 당밀과 럼주가 더 쌌으나 영국령 플랜터들이 본국 정부에 압력을 가하여 프랑스령에서 생산된 것을 북아메리카에서 수입하지 못하게 했습니다. 1733년에 영국 의회가 정한 당밀법(당밀조례)과 그 후에 마련된 설탕법(설탕조례)이 이런 목적으로 제정된 것이었습니다. 이처럼 북아메리카 식민지도 이 상품들을 애용하는 커다란 시장이 되어가고 있었던 것입니다.

　그러나 본국 정부와 카리브해 설탕 플랜터들이 자신들의 사정에 유리하도록 북아메리카 식민지의 무역을 규제하자 이곳 사람들은 불만을 품게 되었습니다. 이것이 결국 1770년대에 일어난 아메리카 13개 식민지의 독립운동으로 연결되는데 이에 대해서는 이미 앞에서도 약간 언급했습니다.

일본의 설탕 산업

이야기가 약간 벗어납니다만, 이쯤에서 일본의 설탕

산업에 대해서 정리해보겠습니다. 설탕은 중국의 수나라에서 일본으로 처음으로 전해졌다고 하는데 정확한 것은 알 수 없습니다. 중국의 경우에는 인도에서 유입되었을 것으로 추정하고 있습니다.

그러나 일본인이 본격적으로 설탕을 먹기 시작한 것은 포르투갈인이 가져온 과자를 먹기 시작하면서부터입니다. 에도시대에는 사탕수수 재배가 시작되었고 국산 설탕이 만들어지기 시작했습니다. 아마미오시마와 류큐琉球(오키나와[沖縄])의 설탕은 일찍부터 성공하여 지금까지 이어지고 있습니다. 지금의 가고시마에 해당하는 시마즈(사쓰마)번島津藩(번이란 다이묘[大名, 영주]의 영지와 조직의 총칭으로, 시마즈는 사쓰마번 다이묘의 성[姓]이었음—역주)은 아마미오시마를 지배하고 류큐도 절반은 지배하에 둔 상태였기 때문에 일본의 최대 설탕 생산지를 가지고 있던 셈이었습니다.

당시 설탕은 약품이라고 여겨질 정도로 꿈에서나 볼수 있는 음식이었기 때문에 지금으로서는 믿겨지지 않을 정도로 큰 이익을 얻을 수 있었습니다. 그래서 사쓰마번은 설탕을 번의 전매상품으로 지정해 자유롭게 거래할수 없도록 했습니다. 이렇게 설탕을 재원으로 가지고 있

오키나와의 설탕 제조(촬영·저자)

던 사쓰마번은 막부에도 대항할 수 있을 정도로 재력을
키웠습니다. 이것이 이 번이 메이지유신明治維新(1867년을
기점으로 무가[武家]정권 에도막부[幕府]가 붕괴되고 천황을 중심으로
한 신정부가 성립되는 과정으로, 이를 통해 일본이 근대 국가로 탈바꿈하
게 되었음—역주)의 중심 세력 중 하나가 될 수 있었던 이유
이기도 합니다.

사탕수수 재배가 더욱 널리 퍼지게 된 이유는 18세기
초에 8대 쇼군將軍(정식 명칭은 정이대장군[征夷大將軍]. 무가정권,
즉 막부의 수장—역주)인 도쿠가와 요시무네德川吉宗가 이것
을 장려했기 때문입니다. 요시무네는 각 번에 사탕수수

모종을 나눠주고 재배할 수 있는지 실험해보도록 했습니다. 그 결과 지금의 시코쿠四国, 주고쿠中国, 긴키近畿 지방 등 각지에서 사탕수수가 재배되어 번창했습니다. 류큐의 설탕은 대부분 흑당이었는데 19세기 전반에는 지금의 가가와현香川県과 도쿠시마현德島県에 해당하는 사누키讃岐, 아와阿波 등에서 정백당精白糖(백설탕으로 가장 널리 사용한다. 입자가 고운 것이 특징임—역주)이 만들어졌습니다. 이러한 일본 특유의 정백당을 '화백당和白糖'이라고 합니다.

메이지시대에 외국산 설탕이 대량으로 들어오자 류큐를 제외한, 원래 기후가 사탕수수 재배에 그다지 적합하지 않았던 곳들은 이에 대항하지 못하고 대부분 사라져 버렸습니다. 단 '화백당' 중에서도 특히 고급품이었던 사누키와 아와의 '와산본'은 그 후에도 귀한 것으로 인식되어 남아 있게 되었습니다.

일본의 설탕 이야기는 일단 이것으로 마치고 다음은 유럽, 특히 영국에서 설탕 소비의 의미가 크게 변화한 19세기 초로 가보겠습니다.

제7장
영국식 아침 식사와
'티 타임 휴식'
—노동자의 차

맨체스터 근교에서 점심 휴식시간을 보내는 여공들

주식과 부식

유럽 사람들, 특히 영국인들은 어떤 식사를 하고 있을까요? 대부분의 사람들은 "유럽인의 주식은 빵"이라든지, "빵과 소고기가 주식"이라고 대답할 것입니다.

그러나 이 대답은 틀린 것입니다. 원래 유럽에서는 '주식'과 '부식'이라는 개념 자체가 없기 때문입니다. 영어에도, 프랑스어에도 '반찬'이라는 단어는 없습니다. 유럽에서는 밥이 '주식'이고 '밥을 먹는' 것이야말로 식사를 한다는 의미인 일본인의 감각은 통용되지 않습니다. '밥'이라는 단어가 '식사'의 의미로도, '끓인 쌀'이라는 의미로도 사용되는 것은 일본 식생활의 특수성을 보여줍니다. 이에 비해 유럽인에게는 일본인이 '반찬'이라고 생각하는 음식만 먹어도 그것이 '식사'를 한 것이 됩니다.

물론 빵도 먹지만 그것도 다양한 음식들 중 하나일 뿐입니다. '콜럼버스의 교환'으로 아메리카에서 유럽으로 건너온 감자도, 같은 경로로 건너온 옥수수도, 경우에 따라서는 그것이 바나나와 같은 과일이거나 스테이크 같은 축산물이어도 '식사'가 됩니다. 오히려 '주식'과 '반찬'이라는 구별이 있는 나라는 세계에서 적은 비중을 차지합니다. 반대로 유럽인의 경우는 유럽의 농업이 대부분 곡물 재배와 목축이 혼합된 형태였기 때문에 '잡식성'이 되어버린 것입니다.

그렇게 생각하면 설탕도 식품으로서 매우 큰 의미를 지닙니다. 영국인의 생활방식에서 보자면 홍차와 설탕에 관한 이야기는 곡물에 관한 이야기만큼이나 중요합니다. 실제로 영국인은 지금도 평균적으로 칼로리의 15~20%를 설탕에서 얻는다고 합니다. 영국인은 일상적으로 식사의 마지막 코스에 설탕을 듬뿍 넣은 '스위트(단음식)'라는 과자류를 먹고 홍차에도 설탕을 듬뿍 넣어 마시는 사람이 많기 때문입니다.

설탕은 하찮은 기호품이 아니라 유력한 칼로리 제공원으로 홍차와 결합하여 '영국식 아침 식사'의 기본이 되었고 산업혁명 시대에 영국인들의 생활 기반이 되었습니다.

나쓰메 소세키와 존슨 박사의 두 손을 들게 한 포리지

우선 먼저 알아두어야 할 것은 식사 습관도 우리들이 생각하는 것보다 역사적으로 훨씬 심하게 변화해왔다는 것입니다. 예를 들어 여기에서 검토하려고 하는 아침 식사의 경우에도, 원래 영국인은 중세시대 이후에 1일 2식을 해서 아침이라는 것을 먹지 않았다고 합니다. 1일 3식의 습관이 생기고 식사 시간대도 지금처럼 자리 잡은 것은 17세기 중반 이후라고 합니다. 지금 일본에서는 정오에서 1시까지가 점심시간이지만 영국인의 점심시간은 오후 1시부터 2시까지입니다.

그러나 그 후에도 아침 식사가 얼마나 변하기 쉬운 것이었는지에 대한 재미있는 에피소드가 전해지고 있습니다. 등장인물은 도쿄제국대학의 영문학 선생이자 『나는 고양이로소이다吾輩は猫である』 등을 쓴 메이지시대의 문호 나쓰메 소세키夏目漱石와 이미 몇 번이나 앞에서 등장한 영국의 문학자 존슨 박사입니다.

19세기 후반에 런던에서 유학 중이었던 나쓰메 소세키는 악명 높은 영국 식사에 두 손을 들고 존슨 박사를 중인으로 삼아 야유를 듬뿍 담은 편지를 일본으로 보냈습니다. 존슨 박사는 조수였던 스코틀랜드인을 놀리는 것을 좋아했는데 그가 편집한 유명한 영어사전 안에 '오트밀'이라는 항목을 넣었습니다. '오트밀'은 밀 종류 중에서도 하급에 속하는 것으로, 영국인의 아침 식사에 자주 나오는 '포리지porridge'라는 일종의 죽 같은 음식의 재료입니다. 그때 당시에는 어떻게 먹었는지 알 수 없으나 지금은 일반적으로 설탕을 넣고 우유에 타 먹습니다. 그러나 빈말로라도 맛있다고는 할 수 없습니다.

그런데 존슨 박사는 스코틀랜드인을 놀리면서 사전에 '오트밀이란 영국에서는 말에게 주지만 스코틀랜드에서는 사람이 먹는 곡물'이라고 썼습니다. 그러나 약 100년 뒤에 런던으로 유학을 온 나쓰메 소세키가 맞닥뜨린 것은 매일 아침 식탁에 나오는 '포리지'였습니다. 즉 그 100년 사이에 스코틀랜드는 물론이고 영국 남부의 런던에서도 '포리지'가 일상적인 아침 식사가 되었던 것입니다.

그래서 소세키는 곧장 일본에 있는 친구에게 '영국인이 모두 말이 된 것 같다'라고 편지를 써 보내며 불만을 토로했던 것입니다.

존슨 박사가 활약했던 시기와 소세키가 런던에서 유

학했던 시기 사이에는 '산업혁명(18세기 말~19세기 초)'이라는 커다란 사회적 변화가 있었습니다. 지금까지 가정 내에서 이루어졌던 수공업 대신에 공장이 늘어나고 기계와 증기기관과 같은 동력이 사용되어 공업과 광산업이 급속도로 발전했습니다. 증기기관은 교통기관에도 응용되어 철도가 전국을 달리게 되었습니다. 이에 따라 런던은 물론이고 리버풀, 맨체스터, 버밍엄 등의 도시가 큰 발전을 이루었습니다. 이렇게 해서 영국에서는 도시에 살면서 공장에서 일하는 노동자가 농민의 수보다 월등히 많아지게 되었습니다.

바로 이 시기에 사실은 '포리지' 외에 '설탕을 넣은 홍차'를 중심으로 한 '영국식 아침 식사(잉글리시 브렉퍼스트 [English Breakfast])'가 탄생했습니다. 즉 반세기 정도 전인 존슨 박사의 시대에는 사치품이라든가 마약과 같은 '독'이라며 웨슬리처럼 그 사용에 반대하는 사람들이 많아서 큰 논쟁을 불러일으켰던 '설탕을 넣은 홍차'가 이 시대에는 노동자의 일상적인 아침 식사가 된 것입니다.

'영국식 아침 식사'의 특징은 무엇보다도 유럽 대륙의 것, 즉 '콘티넨털 브렉퍼스트Continental Breakfast'에 비해 '푸짐하다'는 것입니다. 지금의 '영국식 아침 식사'는 베이

컨과 계란, 토스트가 함께 나오는 경우가 많아서 점심 식
사에 비해 푸짐하다는 느낌이 듭니다. 이렇게 '푸짐한' 아
침 식사는 낮 동안에 몸으로 일하는 노동자에게는 적합
한 것이었습니다.

또한 이 시대에는 점심 식사와 저녁 식사 사이의 간격
이 넓어 이것을 메꾸기 위해 '애프터눈 티afternoon tea'나
'티 브레이크tea break'와 같은 습관도 생겨났습니다. 오
후 4시쯤 잠시 휴식을 취하면서 비스킷 등과 함께 홍차
를 마시는 습관입니다. 그래서 이 무렵이 되면 영국인은
1일 4식을 하게 되었다고 해야 할지도 모르겠습니다.

'성 월요일'의 박멸과 도시 노동자의 생활

그렇다면 이런 변화는 왜 생겨난 것일까요? 그 이유를
알아보기 위해서는 도시 노동자들의 생활이 어땠는지를
다양한 각도에서 살펴봐야 합니다.

'산업혁명'이 진행되면서 많은 영국인들이 도시에서 살
게 되었습니다. 19세기 말경에는 영국인의 약 4명 중 3
명이 도시에서 살게 되었던 것 같습니다.

농촌에서는 공동 소유지였던 산림 등지에서 자유롭게 장작을 줍고 가축을 키울 수 있었는데 '인클로저 enclosure(17세기 중엽 이후 지주들이 농토의 경작 능률을 높이기 위해서 개방경지[開放耕地]와 공유지의 둘러싸기를 대규모로 시행한다. 18세기에는 산업혁명으로 농산물 수요가 급증하게 되자 이러한 둘러싸기가 가속화되었다. 이 때문에 다수의 영세농들은 몰락하여 농토를 떠나 도시로 유입하게 되었다.—역주)'라는 운동이 일어나자 공동으로 사용할 수 있었던 토지가 사라져 어쩔 수 없이 사람들은 농촌을 떠나 도시로 오게 되었다는 의견이 있습니다. 이 의견에는 반론도 있어서 얼마나 정확한지는 알 수 없으나 이유야 어찌 되었든, 확실히 도시 인구가 압도적으로 늘어난 것은 사실입니다. 게다가 이런 인구 이동으로 민중들의 생활환경이 완전히 변해버린 것도 틀림없는 사실입니다.

도시 노동자들의 주택은 일반적으로 좁고, 더럽고, 화장실도 수도도 없었습니다. 요리를 할 수 있는 부엌도 없었습니다. 그들의 주택은 집 두 채가 등을 맞대고 있어서 '백 투 백 하우스back to back house'라고 불렀습니다. 마르크스의 친구인 엥겔스가『영국 노동자 계급의 상태』라는 책에서 노동자들의 비참한 주택 상황에 대해서 자세히

런던 빈민의 주택(19세기, 도레[Doré] 그림)

기록해놓았기 때문에 이 사실은 잘 알려져 있습니다.

　도시의 노동자들은 무료로 구할 수 있는 연료가 없어서 가게에서 석탄을 사야 했습니다. 이것은 돈이 없으면 몸을 녹이는 것도 어렵다는 것을 뜻합니다. 짧은 시간 안에 제대로 된 아침 식사를 준비하는 것은 거의 불가능했습니다. 일반적으로는 난로 위에 냄비를 걸어놓고 요리하는 형태였겠지요. 그렇기 때문에 집에서 빵을 굽는 것은 더더욱 생각할 수 없는 일이었습니다. 빵도 가게에서 사야만 했습니다.

사람들의 생활의 장이 농촌에서 도시로 바뀌면서 뚜렷하게 변화한 것이 또 하나 있습니다. 그것은 시간을 얼마나 정확하게 지켜야 하는가 하는 문제였습니다. 농촌 생활은 계절에 따라 작업의 순서가 정해져 있기는 하지만 미세한 시간은 개인의 자유에 따라 사용할 수 있었습니다. 농부는 날씨가 좋을 때 열심히 일하고 비가 내리면 쉬어야 했습니다. 일본에도 '맑은 날에는 논밭을 갈고 비 오는 날에는 책을 읽는다(청경우독[晴耕雨讀])'는 말이 있는데 바로 이런 상황을 나타냅니다.

마찬가지로 전통적인 직공의 세계에서도 '직공 기질'이라고 해서 개인의 행동의 자유를 상당 부분 인정해주었습니다. 주말에 술을 많이 마셔서 숙취가 심하면 월요일에는 거의 일을 하지 않는 '성 월요일'이라는 습관도 널리 통용되고 있었습니다. 유행가에도 이런 가사가 있었습니다.

월요일은 일요일의 형제지.

화요일도 비슷하지.

수요일에는 교회에서 기도라도 해야지.

목요일은 당연히 하루의 반은 쉬는 거고

금요일이 되면 실 잣는 사람에게는 너무 늦었네.

토요일도 물론 하루의 반은 쉬는 거지.

그러나 공장 제도가 보급되면서 시간을 엄격하게 지켜야만 했습니다. 반은 취해서 지각만 하는 노동자가 있다면 공장의 경영은 순조로울 수 없습니다. 그래서 '성 월요일'이 상징하는, 시간을 지키지 않는 생활은 인정할 수 없었습니다.

이렇게 되자 아침 식사는 간단하게 준비할 수 있으면서도 금세 기운이 나는 음식이어야 했습니다. '청경우독'과 '배꼽시계'처럼 자신의 자연스러운 생활방식이 아니라 기계인 시계가 가리키는 시각을 정확하게 지키면서 행동해야 했습니다. 이것은 익숙하지 않은 사람에게는 굉장히 힘든 일이었습니다.

지금의 일본인들에게 그런 일은 별것 아닌 것 같지만 에도시대에는 그렇지 않았습니다. 일본인들도 메이지시대 이후에 오랜 기간에 걸쳐 시간을 지키도록 길들여진 것입니다. 그리고 개인적으로 말하면, 어린이집이나 유치원 때부터 대학을 졸업할 때까지 '지각은 죄악'이라는 교육을 받아온 결과, 일본의 어른들은 대부분 시계의 시각에 맞춰 정확하게 행동하게 된 것입니다.

심지어 이런 일도 있었습니다. 산업혁명이 진행되면서 도시가 생활의 중심지가 되자 노동자 가족들은 대부분 집 밖에서 일하게 되었습니다. 어머니도, 아이들도, 각자 어딘가에 고용되어 일했습니다. 이런 점에서도 긴 시간을 들여 아침 식사를 준비할 여유가 없어진 것입니다.

'영국식 아침 식사'의 성립

산업혁명 이후 영국에서 생활하는 도시 노동자의 생활 조건에 딱 맞는 것이 홍차와 설탕, 가게에서 구입한 빵이나 포리지로 이루어진 아침 식사였습니다. 포리지도 물만 끓이면 간단하게 만들 수 있었습니다. 산업혁명 시대, 즉 19세기 초에 노동자의 생활양식에 대해서 자세히 듣고 기록한 헨리 메이휴Henry Mayhew라는 인물이 있습니다. 원래는 유명한 소설가인 디킨스와 같은 신문사에서 일한 적도 있는 신문기자였습니다. 이 메이휴에 따르면 런던 길거리에는 온갖 종류의 음식을 파는 노점인 간이 음식점들이 있었다고 합니다. 물론 대부분의 노동자들은 집에서 아침을 먹었으나 이렇게 노점이 많았다는 사실은 집에서 아침 식사를 만들지 못하는 사람들도 많았다는 것을 보여줍니다.

어쨌든 '설탕을 넣은 홍차'를 베이스로 한 '영국식 아침 식사'는 제대로 된 부엌이 없어도 뜨거운 물만 끓이면 어떻게든 마련할 수 있었습니다. 게다가 특히 설탕을 넣은 홍차는 카페인이 포함된, 즉시 효과가 나타나는 칼로리 공급원으로 중요한 의미를 가지고 있었습니다. 이것은 산업혁명 이전의 느슨한 노동시간 관리가 술과 연결되어 있었던 것과는 매우 대조적입니다. 앞에서 설명했듯이 '성 월요일'이라는 관습이 상징하는 것처럼 맥주에 가까운 에일이나 위스키로 만든 진을 마시는 음주 습관이 산업혁명 이전의 노동자들의 노동시간을 좌우하고 있었기 때문입니다.

즉시 효과가 나타난다는 점에서 아침 식사뿐만 아니라 일하는 도중에 마련되는 '티 브레이크'도 같은 의미를 지닙니다. 아침부터 충분한 칼로리를 섭취하여 확실하게 잠이 깬 상태에서 일할 수 있는 노동자, 그것이야말로 공장 경영자에게 가장 필요한 노동자였습니다.

이렇게 카페인이 들어간 홍차와 고칼로리인 설탕, 설

탕으로 만든 잼과 당밀—전통적으로 고급품이라는 이미지가 강한 꿀 대신 사용한 초기의 전형적인 '대용품'입니다— 등은 영국인의 생활에 빠질 수 없는 기초식품이 되었습니다. 영국의 노동자는 식사를 '핫 디시', 즉 '따뜻한 식사'와 '콜드 디시'로 구분했습니다. 따뜻한 식사는 따뜻한 것만으로도 충분히 진수성찬이었습니다. 차가운 빵을 순식간에 '핫 디시'로 바꾸는 '설탕을 넣은 홍차' 한 잔이 없었다면 19세기 영국의 공업도시에서 살아가는 노동자들의 생활은 성립되지 않았을 것입니다.

원래 홍차는 그 자체에 칼로리가 없고 심지어 고가였기 때문에 초기에는 영양학자들 사이에서 매우 평가가 좋지 않은 식품이었습니다. 당시의 데이터를 바탕으로 1페니로 장을 볼 때 몇 칼로리분의 음식을 살 수 있는지를 살펴보면, 감자는 1,000칼로리분을 살 수 있고 포리지도 880칼로리분을 살 수 있습니다. 그러나 설탕은 가격이 비싸서 200칼로리에도 미치지 못하고 물론 홍차에는 칼로리가 없습니다. 영국 북부에서 많이 볼 수 있는 좀 더 싸고 영양가가 높은 감자와 포리지를 중심으로 한 식사에 비해서 이런 식사는 주로 런던 등 남부 도시에서 퍼지기 시작했다고 합니다.

그러나 이렇게 고가이면서도 칼로리가 부족한 식사에는 일종의 신분 표식, 즉 '스테이터스 심볼'의 의미가 담겨 있었기 때문에 비판은 있었으나 사람들은 이것을 포기하지 않았습니다. 결국은 북부에서 퍼지기 시작한 '빈민의 식품(오트밀과 감자)'과 '고가의 식품(차와 설탕)'이 서로 합쳐져 근대 영국 서민들의 '아침 식사'가 이루어진 것입니다. 이런 사실은 런던에서 유학한 나쓰메 소세키의 경험에서도 잘 드러납니다.

19세기 초반에 조사한 결과를 보면, 전국 117개 노동자 가정에서 일주일 동안 한 번도 홍차가 나오지 않은 예는 10건, 설탕을 넣지 않은 예도 14건밖에 없습니다. 밀가루가 식탁에 오르지 않은 예는 16건이므로, 설탕과 홍차는 적어도 밀가루로 만든 빵과 거의 비슷하게 보급되어 있었다고 할 수 있습니다. 그리고 감자가 식탁에 오르지 않은 예도 14건 확인할 수 있습니다. 그렇다면 우선 '설탕을 넣은 홍차'에 대해서 검토해보기로 하겠습니다.

'근대 세계 시스템' 속의 아침 식사

'설탕을 넣은 홍차'가 있는 아침 식사는 말하자면 지구의 양쪽 끝에서 유입된 두 가지 식품으로 이루어진 것이었습니다. 바꿔 말하면 영국이 세계 상업의 '중핵'의 위치를 차지했기 때문에 이런 것이 가능했던 것입니다. 도시에서 시작된 '영국식 아침 식사'는 머지않아 농촌으로 번져나가 영국의 농민들도 홍차와 설탕을 아침으로 먹게 되었습니다. 그러나 어찌 보면 이것은 참으로 기묘한 일입니다. 영국 내에서 농민들이 생산하는 곡물보다 노예가 생산하는 설탕이 지구 반대편에서 들어온 것임에도 싸게 먹힌다는 것을 의미하기 때문입니다.

글자 그대로 세계는 하나가 되었습니다. 영국은 그 중심에 서게 되었습니다. 영국의 도시 노동자들은 물론, 농민들도 세계 무역 없이는 일상생활을 영위할 수 없게 되었습니다. 이런 세계의 상태를 '근대 세계 시스템'이라고 부릅니다.

홍차를 마시는 것은 17세기에 영국 왕실을 비롯한 상류계급, 특히 귀부인들 사이에서 '스테이터스 심볼'로 시작되었습니다. 그러나 근대 세계 시스템이 작동하여 홍차도 설탕도 점차 하층민들에게 보급되었고, 결국 그것은 산업혁명 시대를 살아가는 영국 도시 노동자들의 상징이 되었습니다.

이렇게 '설탕을 넣은 홍차'는 19세기가 되자 한편으로는 젠틀맨 계급의 상징이라는 의미를 가지게 되었고, 다른 한편으로는 공장 노동자로 대표되는 민중의 노동과 생활을 상징한다는 의미를 가지게 되었습니다. 이처럼 모순되는 두 가지 의미를 함께 가지게 된 것은 언뜻 보면 이상한 일이라고 할 수 있습니다. 카리브해의 아프리카인 노예들과 아시아의 빈곤한 농민들은 처음에는 분명히 영국의 젠틀맨 계급에 스테이터스 심볼을 제공하고 있었습니다. 그런데 급기야는 도시의 슬럼과 같은 생활환경 속에서 혹독한 노동시간에 쫓기는 영국 노동자들의 생활 그 자체를 지탱해주게 되었던 것입니다.

세계에서 최초의 산업혁명은 분명히 영국에서 일어났지만 그것은 영국인만이 근면했기 때문에 가능했던 것은 아닙니다. 근대 세계 시스템이 밑바탕에 있었기 때문에 영국의 산업혁명은 가능했던 것입니다.

'설탕을 넣은 홍차'의 두 가지 의미

'설탕을 넣은 홍차'는 이렇게 상류계급, 즉 젠틀맨의 상징이라는 의미와 노동자의 생활필수품이라는 의미, 이두 가지의 의미를 가지게 되었습니다.

17세기부터 상류계급 여성들 사이에서 퍼져 우아함의 상징이 된 '하이 티High Tea(영국인들이 오후 5시 반쯤에 홍차를 마시는 티타임을 부르는 호칭. 예전에는 귀족의 티타임을 의미했다. 현재는 하이 티와 애프터눈 티가 다른 시간에 이루어지기 때문에 그것을 구별하는 의미로 사용된다.—역주)'라는 습관은 결국 지금의 '애프터눈 티'의 형태로 정착하게 되었습니다. 이에 반해 노동자 계급에서는 근무 중의 휴식시간으로 '티 브레이크'가 시작되었는데, 이것은 그 성격상 즉각적인 칼로리 보충과 기운이 나게 하는 흥분제라는 역할을 하고 있습니다. 이런 필요성 때문에 '설탕을 넣은 홍차'는 필수불가결한 음식이 되었습니다. 이 습관도 지금은 종종 '하이 티'라는 조금 '우아한' 이름으로 부르는 경우가 있어 혼동하기 쉬운데 양자는 전혀 다른 사회적 의미를 가지고 있었다는 것을 이해하실 수 있을 것입니다.

17세기 이래로 지속된 상류계급의 '하이 티'는 신중하고 복잡하게 브랜드된 홍차를 사용하여 훌륭한 정원이나 연회장에서 마시는 것으로, 웨지우드 등 브랜드 도자기나 고가의 중국 도자기를 사용하고 아름다운 디자인의 티 타월과 은 스푼을 사용합니다. 여기에 이제는 노동자들의 '활력소' 역할을 하는 노동자의 홍차가 탄생하게 되었습니다. 후자의 경우에는 찻잎 중에 가짜가 많았던 듯합니다. 영국에서는 차나무가 자라지도 않는데 '영국산 차'라는 기묘한 물건도 판매되었기 때문입니다.

　일본의 다도만큼 많지는 않지만 상류계급의 '차'에는 다양한 '작법作法'도 탄생했습니다. 차를 만드는 방법 그 자체에 대해서도 까다롭게 따지기 시작했습니다. 마시는 방법에 대해서는 더 까다로워졌습니다. 찻잔에는 지금 일본에서도 반드시 밑에 받치는 받침 접시saucer가 곁들여 있었습니다. 일본인은 여기에 스푼이나 각설탕, 때로는 슬라이스 레몬을 얹어놓는데, 원래 이 받침 접시는 깊이가 조금 더 깊어서 뜨거운 홍차를 이 접시에 담아 식힌 후 마셨다고 합니다.

　'홍차를 받침 접시로' 마시는 것이 영국식이라는 것은 일본에서 출판된 책에서도 자주 등장합니다.

홍차를 받침 접시로 마시는 가난한 여성들

그러나 산업혁명 시대에 맨체스터 근교의 공장에서 일
하는 여성들이 '티 브레이크'를 갖는 모습을 그린 유명한
그림(본 장의 표지 그림 참조)을 보면 여공들은 대부분 한 손
으로 들 수 있는 머그컵으로 홍차를 마시고 있습니다. 여
기에서도 상류계급이 차를 마시는 방법과 하층계급이 마
시는 방법이 전혀 다르다는 것이 드러납니다. 물론 하층
민들도 가능하면 받침 접시가 있는 찻잔으로 차를 즐긴
것도 사실입니다.

도시 노동자가 홍차가 포함된 아침 식사를 하는 것이
공장 경영자에게 얼마나 좋은 일인가 다양한 측면에서
증명할 수 있습니다. 예를 들어 채드윅의 「공중위생에

관한 보고서」라는 것이 있습니다. 에드윈 채드윅Edwin Chadwick은 한때 악취를 견딜 수 없어 의회마저 휴회했을 정도로 공해 오염이 심했던 런던 템스강을 개선하는 데 힘을 쏟은 인물입니다. 그의 보고서 속에 등장하는 증인 존 폴라는 다음과 같이 증언하고 있습니다.

"지금은 위스키는 물론 맥주를 마시는 습관도 많이 줄었다고 생각합니다.… 홍차와 커피를 많이 마시기 때문입니다. 최근에는 제가 아는 한, 낮부터 맥주를 마시는 일은 거의 없어졌습니다. 커피 스탠드coffee stand(차와 간식을 파는 노점─역주)의 설립은 사람들의 건강과 도덕에 매우 유익하다고 생각합니다. 그것이 사람들을 술집(펍)에서 멀어지게 하니까요."

영양학자가 아무리 비난을 해도 '설탕을 넣은 홍차'는 산업혁명 시대의 사람들에게는 무엇과도 바꿀 수 없는 의미가 있었습니다. 제 계산으로는 18세기 말경에 이미 영국인은 프랑스인보다 평균적으로 8~9배는 많은 설탕을 소비하고 있었습니다. 그 섭취량은 19세기가 되면 더욱 증가하여 영국인은 세계 1급의 '설탕을 섭취하는 국민'이 되었습니다. 1970년대의 통계에 따르면 평균 설탕 소비량에서 영국은 아일랜드, 네덜란드와 함께 세계 상위권을 차지하고 있으며 1인당 소비량은 연간 약 104파운드(약 47kg) 정도라고 합니다. 영국인에게 설탕은 있어도 그만, 없어도 그만인 기호품이 아니라 필수품이 된 것입니다.

제8장
노예와 설탕을 둘러싼 정치

노예제 반대 집회에서 연설하는 토머스 클락슨
Thomas Clarkson

영국의 곡물 정책의 전환

19세기 초 영국은 세계에서 최초로 산업혁명에 성공하여 그 완성기로 접어든 상태였습니다. 이 시대는 세계 경제의 '우두머리'가 되기 시작한 이 나라의 식량 정책이 대전환을 맞이한 시기였습니다. 그렇기 때문에 앞에서 살펴보았듯이 식생활 그 자체에 큰 변화가 일어났습니다. 산업혁명과 함께 도시가 발달한 것을 반영했기 때문인지, 곡물에 관한 여론이 생산자, 즉 지주와 농업 경영자를 보호하는 쪽에서 도시 노동자를 중심으로 한 소비자를 보호하는 쪽으로 급속히 기울어지게 되었습니다.

즉 지금까지는 곡물 가격이 너무 내려가면 지주들이 곤란해지기 때문에 가격이 너무 내려가지 않도록 조정했으나 곡물 가격이 점차 오르게 되자 노동자와 노동자를 고용하고 있는 공장 경영자가 곤란해져 곡물 가격이 너무 올라가지 않도록 조절하게 된 것입니다.

원래 곡물 가격이 너무 내려가지 않도록 하는 정책 중에 곡물법이라는 것이 있었습니다. 이 법률 자체는 19세기에 들어와서 성립되었지만 그 바탕이 된 것은 17세기부터 이미 존재했습니다. 그것은 바로 곡물 가격이 어느 한도를 넘어서 내려가게 되면 장려금을 붙여 무리를 해서라도 외국으로 수출해버리는 법률(곡물 수출 장려금 제도)이었습니다.

그보다 더 이전의 영국, 즉 엘리자베스 1세 치하였던 16세기에는 오히려 곡물 수출을 제한하는 등 소비자를 보호하는 정책을 시행했습니다. 그러나 17세기 중반, 즉 청교도혁명 시기를 경계로 지주인 젠틀맨이 정치적 실권을 잡게 되면서 지주 등 생산자를 보호하는 정책으로 전환되었던 것입니다.

그러나 18세기 말부터 산업혁명이 일어나 도시에서 생활하는 노동자가 증가하게 되자 그들의 임금을 낮추고 싶어 하는 공장 경영자들은 곡물법에 대해 강하게 반발했습니다. 산업혁명의 중심은 면직물 공업이 발달한 맨체스터 등이었기 때문에 곡물법에 반대하는 움직임도 '맨체스터파'라고 불렸던 국회의원인 리처드 코브던 Richard Cobden과 존 브라이트John Bright 등이 주도하게 되었습니다. 그들이 결성한 반곡물법 동맹이 이러한 움직임에 강한 영향력을 행사했습니다.

곡물법은 드디어 1846년에 폐지되었습니다. 곡물법의

보호 덕택에 영국의 곡물은 국제 가격에 비해서 매우 비쌌는데 이로써 영국의 곡물 가격이 내려가 '저렴한 식사'가 가능해질 것으로 기대했습니다. 그렇게 되면 임금도 내릴 수 있어서 공업 제품의 코스트가 내려가 수출 경쟁에서 유리해질 것이라고 생각했습니다. 소비자 입장에 입각한 정책이라는 점에서는 크롬웰 이전으로 되돌아갔다고 할 수 있습니다.

곡물법을 폐지한 것은 농업보다 공업을 보호하고자 했던 것으로, 이 때문에 영국은 곡물을 동유럽과 아메리카, 남아메리카에서 계속 수입하게 되었습니다. 그 결과 20세기가 되자 결국 농업인구는 인구의 몇 %에 불과할 정도로 낮아졌습니다. 상황이 이렇게 되니 더욱더 도시 노동자들의 생활을 지킬 필요성이 증대되었습니다.

과보호인 설탕과 독점된 차

조금 길어졌습니다만, 지금은 도시 노동자의 생활에서 빼놓을 수 없는 식품이 된 설탕과 홍차에도 곡물과 똑같은 일이 벌어졌습니다.

산업혁명이 시작되자 '설탕을 넣은 홍차'가 노동자들의 일상적인 아침 식사가 되고 '티 브레이크'가 널리 퍼졌다는 사실은 앞에서도 이야기했습니다. 그러나 차와 설탕은 여전히 노동자들에게는 상당히 고가인 제품이었습니다. 예를 들어 영국의 설탕은 프랑스의 설탕보다 훨씬 비싸서 국제시장에서는 전혀 경쟁력이 없었습니다. 프랑스는 마르티니크, 과들루프라는 두 개의 카리브해 식민지와 생도맹그(히스파니올라)섬에서 설탕을 효율적으로 생산하였고 본국에서는 와인이 일반적인 음료였기 때문에 설탕 소비가 그다지 많지 않았던 것입니다.

한편 영국의 설탕 가격이 비싼 이유 중 하나는 카리브해에 있는 다수의 식민지에서 설탕 플랜테이션을 운영하고는 있었으나 설탕 수요가 높아서 가격이 높게 유지되었기 때문입니다. 그러나 그보다도 더 큰 이유는 영국령 식민지에서 이루어지는 설탕 생산은 수많은 보호 입법에 의해 보호를 받아 특권적 지위를 누리고 있었기 때문입니다. 이것은 영국으로 돌아온 플랜터들이 본국에서 강력한 압력단체를 만들어 의회에 압력을 가했기 때문에 벌어진 현상이었습니다. 당밀법과 설탕법 등의 법률도 그렇지만 무엇보다도 지나치게 비싼 설탕 관세가 문제여서, 외국산 설탕은 거의 들여올 수 없었습니다.

'서인도제도파'로 불린 이 압력단체는 영국 의회에 40명 정도의 의원을 보냈다고 합니다. 서인도제도란 당시 영국인들이 카리브해를 부르는 호칭이었습니다.

설탕 식민지가 얼마나 보호받고 있었는지는 아메리카 독립전쟁이 일어날 무렵의 북아메리카 식민지와 비교해 보면 잘 알 수 있습니다. 북아메리카에도 메릴랜드나 버지니아와 같은 담배 플랜테이션이 있었으나 담배 플랜터들은 영국으로 돌아가지 않았습니다. 그래서 그들은 '세계 상품'을 갖고 있지 않다는 이유로 영국에서 상대해주지 않았던 북부의 뉴잉글랜드 식민지와 마찬가지로 본국 의회에 대표를 보낼 수 없었습니다.

뉴잉글랜드 사람들은 '영국 의회에 의원을 보내지 않는 이상 세금 따위는 낼 필요가 없다'고 주장한 '대표 없이 과세 없다'는 슬로건을 제창했는데 이에 대해서는 담배 식민지 플랜터들도 크게 공감했습니다. 오히려 '대표가 너무 많기' 때문에 과보호를 받고 있던 서인도제도의 설탕 플랜터와는 이런 점에서 결정적인 차이가 있었던 것입니다.

이렇게 곡물과 설탕은 현재 일본의 쌀과 마찬가지로

'과보호' 상태였고 국제적인 가격과 비교해도 훨씬 비쌌습니다.

사정은 다르지만, 차의 경우에도 동인도회사의 공고한 독점체제하에서 보호를 받고 있어서 설탕과 매우 비슷한 상황이었습니다. 18세기에 네덜란드 등지에서는 영국으로 상당히 빈번하게 차를 밀수했는데 이것은 합법적으로 수입된 차가 높은 관세로 말미암아 매우 고가였기 때문이었습니다. 영국 국내의 압력단체인 '서인도제도파'를 타도하는 것과 동인도회사의 독점권을 없애는 것이 '맨체스터파'의 제1의 목표였던 것도 이러한 당시의 상황을 생각하면 당연한 일이었습니다.

'저렴한 아침 식사'로

'서인도제도파'에 대한 공격은 우선 노예무역과 노예제도에 대한 비판이라는 방식을 취했습니다. 그런 방식이라면 종교적인 입장에서 노예무역과 노예제도에 반대하는 사람들과도 행동을 같이할 수 있기 때문입니다. 종교적인 입장에서 노예무역과 노예제도 폐지를 추진했던 그

룹으로는 '클래펌파Clapham Sect'나 '성인들'이라고 불렸던 복음주의자들(1790~1830년경에 활동한 영국의 성공회 복음주의 집단으로, 노예제도의 폐지와 내외 선교 활동의 확장 등을 주장하였다.—역주)이 유명합니다. 이 그룹과 연결되어 있던 국회의원 윌리엄 윌버포스William Wilberforce와 그의 친구인 토머스 클락슨의 활약은 특히 놀라웠고, 19세기 초까지 총리를 지낸 윌리엄 피트William Pitt도 이들과 같은 입장을 취했습니다. 그 결과 1807년에 노예무역 폐지라는 결실을 거두었습니다. 1833년에는 영국령 식민지 전역에서 노예제도가 폐지되었습니다.

노예제도가 폐지되자 카리브해의 플랜테이션은 붕괴되었고 그렇게도 강력했던 '서인도제도파'도 소멸되었습니다. 설탕의 특혜관세(영국령 식민지에 특히 유리했던 관세)도 1840년대에는 점점 내려가기 시작했습니다. 원래 원가의 두 배 정도의 관세가 부과되었는데 1844년이 되자 30%로 내려갔고 1852년에는 영국령 식민지의 설탕과 외국산 설탕의 관세가 동률이 되었습니다. '아침 식사를 세금 없이'라는 '맨체스터파'의 슬로건은 멋지게 달성되었습니다.

거의 비슷한 시기에 동인도회사의 차에 대한 독점 무

역도 폐지되었습니다.

곡물법 폐지와 설탕 관세의 인하, 동인도회사의 무역 독점 폐지 등은 자유무역 정책이라고 할 수 있는데 이것을 달리 말하면 세계 시스템을 이용하여 '저렴한 아침 식사'를 확보하는 것을 목적으로 한 것이라고도 말할 수 있습니다.

기묘한 역전

영국 식민지의 노예제도 폐지가 사실은 '저렴한 아침 식사' 확보를 위한 것이었다는 증거는 오히려 그 후의 정치적 움직임을 보면 한층 더 명확해집니다. 종교적인 입장이나 인도주의적 입장에서 보면 노예제도의 폐지는 영국령 이외의 식민지에도 영향을 미쳐야 했습니다. 영국령 이외의 식민지에도 노예제도는 분명히 있어서는 안 되는 것이었습니다. 그러나 실제로 '맨체스터파' 사람들은 그러한 운동은 전개하지 않았습니다.

1833년에 영국령에서 노예제도가 폐지되자 그때까지 노예제도를 지키려고 했던 영국령 식민지의 플랜터 등

'서인도제도파' 사람들은 외국령의 식민지에서는 노예제도가 폐지되지 않았는데 자기들만 노예를 사용할 수 없는 것은 불공평하다고 호소했습니다. 특히 브라질과 쿠바의 노예제도를 폐지하지 않으면 자신들은 파멸할 것이기 때문에 노예제도가 존속되고 있는 외국령의 식민지에서 만든 설탕 수입을 금지하자고 주장하기 시작했습니다. 대부호가 된 플랜터의 일족이며 여러 번 총리를 역임한, 19세기를 대표하는 정치가 윌리엄 이워트 글래드스턴William Ewart Gladstone은 이런 플랜터들의 의견을 대변하고 있었습니다.

이에 반해 일찍이 열정적으로 영국령 설탕 식민지의 노예제도를 반대했던 '맨체스터파'의 대표 고브던은 이런 논의를 전개했습니다 "우리 영국인은 (원료인 목화를 노예들이 생산한) 면제품을 소비하고 그것을 수출하는 수출자이기도 하기 때문에 수출용 면 제품을 가득 실은 배로 일부러 브라질까지 가서 그곳에 노예제도가 있다는 사실을 알고는 호들갑스럽게 놀란 척하며 거짓 눈물을 짓고는 '노예제도로 재배한 설탕은 받을 수 없다'며 거짓말을 할 권리는 추호도 없습니다"라고 말했습니다.

즉 외국의 노예제도는 자신들과는 관계없다는 것입니

다. 원래 '맨체스터파'가 노린 것은 설탕 가격을 내리는 것으로, 노예제도를 반대한 것은 그것을 위한 수단에 지나지 않았습니다. 이제는 이미 영국의 설탕 가격이 국제 가격만큼 내려와서 외국 식민지에 노예제도가 있든 없든 아무 상관이 없었던 것입니다.

영국령 설탕 식민지의 말기

노예제도가 폐지된 영국령 설탕 식민지의 플랜터들은 어떻게 되었을까요? 그들은 영국 정부로부터 얼마간의 보상금을 받았고 한동안은 노예 신분에서 벗어난 흑인들을 '도제徒弟(직업에 필요한 기능을 배우기 위해 스승 밑에서 일하는 직공—역주)'라는 자유가 없는 위치에 묶어두고 노동력으로 계속 이용하려 했습니다. 그러나 그런 방법은 성공하지 못했고 점차 인도인, 중국인, 인도네시아인, 일본인 등 아시아인으로 구성된 '계약노동자'로 대체되었습니다. 초기 일본의 해외 이민자들 중에는 이렇게 중남미와 하와이의 설탕 플렌테이션에서 일하는 사람들이 많았습니다.

그러나 노예제도에 의존하고 있는 브라질과 쿠바의 영향으로 영국령 카리브해 식민지의 설탕 생산은 급속하게 경쟁력을 잃었습니다. 18세기가 되자 영국의 부의 중심을 이루고 있다고 생각되었던 카리브해 식민지의 부는 이렇게 급격하게 소멸되어갔습니다.

물론 19세기 말까지는 영국 이외의 나라들이 가지고 있던 식민지에서도 국제적인 압력에 의해 노예무역과 노예제도가 점차 폐지되어갔습니다. 그러나 스페인령 쿠바의 노예제는 1880년까지 남아 있으면서 설탕 생산을 지탱해왔습니다. 마찬가지로 설탕 생산이 쇠퇴하지 않은 브라질에서도 노예제도는 늦게까지 유지되었습니다. 여기에서도 '설탕 있는 곳에 노예 있다'였습니다.

제9장
사탕수수 여행의 종언
—비트의 도전

하와이의 사탕수수 플랜테이션에서 일하는 일본인 이민 여성들

온대기후에서 설탕을 만들 수 있을까?

유럽인이, 나아가 세계인이 대량으로 설탕을 소비하게 된 것은 사탕수수에서 설탕을 만드는 방법을 익혔기 때문입니다. 사탕수수 재배에는 상당한 고온과 광대한 토지, 막대한 노동력이 필요해서 그것은 열대나 아열대에서만 이루어졌습니다. 유럽의 여러 나라가 카리브해 등에 식민지를 얻기 위해 계속해서 격렬한 전쟁을 벌인 이유는 사탕수수 재배에 적합한 토지가 필요했기 때문입니다. 그런 유럽인의 노력이 결과적으로는 카리브해의 카리베족 등 아메리카 선주민을 거의 절멸시켰고 너무나 많은 아프리카인을 노예로 만드는 비극으로 이어졌습니다.

그러나 모든 유럽의 국가들이 카리브해에 설탕 식민지를 가지고 있었던 것은 아닙니다. 예를 들어 근대 국가의 통일이 늦게 이루어져 식민지 획득 경쟁에서 뒤처진 독일과 이탈리아는 설탕 식민지를 가지고 있지 않았습니다. 특히 독일의 일부가 된 프로이센이라는 나라는 아시아와 아프리카, 아메리카에는 거의 식민지를 가지고 있지 않았습니다. 그렇지만 러시아나 폴란드와의 국경 부

근에서는 예전부터 식민
지 활동을 펼치고 있었기
때문에 자연스럽게 그런
곳에서 설탕을 만들 수 있
기를 희망했습니다.

비트(설탕무)

　이런 희망은 18세기 말부터 현실이 되었습니다. 이미
1747년에 프로이센의 학자 A. S. 마르그라프Marggraf가
가축의 사료로 널리 사용되었던 비트, 즉 설탕무의 뿌
리에 사탕수수 정도는 아니지만 상당한 양의 당분이 함
유되어 있다는 것을 발견했습니다. 프랑스 혁명 직전인
1786년경부터는 K. F. 아샤드Achard라는 또 다른 학자가
비트의 품종 개량과 비트를 이용해 설탕을 제조하는 방
법에 대한 연구를 진행하기 시작했습니다. 그 결과 1799
년에 이 연구가 완성되었습니다.

　이 연구 성과에 매우 기뻐한 프로이센 국왕은 그에게
넓은 농지를 제공해 본격적으로 비트당을 제조하도록 했
습니다. 여기에서 생산된 비트당은 온대지방에서 본격
적으로 제조된 최초의 설탕이었다고 할 수 있습니다.

비트의 보급

　프로이센과 대치 관계에 있었던 프랑스에서도 나폴레옹이 비트당에 강한 관심을 보였습니다. 유럽 전체를 지배하고자 했던 나폴레옹은 영국의 상품이 대륙으로 들어오는 것과 러시아 등지의 곡물이 영국으로 수출되는 것을 막기 위해서 1806년에 '대륙 봉쇄령'을 내렸습니다. 그래서 무역은 혼란에 빠졌고 프랑스는 카리브해에 훌륭한 설탕 식민지를 가지고 있었음에도 일시적으로 설탕 수입을 중단하게 되었습니다. 이 사건도 나폴레옹이 비트당에 관심을 가지게 된 이유 중 하나였습니다. 그래서 그는 프랑스의 학자인 델레세르Delessert에게 7만 에이커의 토지를 제공하여 이것을 실험하도록 했습니다.

　얼마 지나지 않아 유럽의 다른 나라들과 아메리카 등도 앞다투어 비트의 품종 개량과 재배를 시작하여 1840년에는 세계 설탕 생산량의 5%를 비트당이 차지하게 되었습니다. 최근에 비트당을 생산하는 주요 국가들은 압도적으로 생산량이 많은 러시아 등지를 비롯해 이른바 본가라고 할 수 있는 독일, 프랑스 외에 이탈리아, 영국,

아메리카 등으로, 서유럽 나라들은 대부분 비트를 재배하고 있습니다. 설탕이 '세계 상품'이라고 할 수 있을 정도로 중요하고 필수불가결한 상품인 만큼 어느 나라의 정부든지 무슨 수단을 써서라도 비트당의 재배를 장려해야만 했습니다.

영국에서는 20세기 초반에 이런 말도 있었다고 합니다. 본국에 100만 명의 실업자가 있으니 '본국에서 비트당의 생산을 정착시켜 살 집도 없고 굶주림에 시달리는 사람들에게 건전한 환경에서 일할 수 있는 일자리를 제공해야 한다'고 말입니다. 그렇다면 사탕수수 재배를 위해서 아프리카에서 끌려온 흑인 노예의 자손들로, 여전히 사탕수수를 재배하고 있는 사람들은 어떻게 되는 건가요? 본국의 실업 대책으로 비트 재배를 장려한 영국인들은 지금은 자유인이 된 카리브해 흑인들의 생활 따위는 신경조차 쓰지 않을지도 모릅니다.

메이지시대 이후 일본도 홋카이도北海道에서 비트 재배를 시작했습니다. 그 생산량이 많지는 않지만 지금도 여전히 생산하고 있습니다. 제1차 세계대전으로 설탕 수입이 중단되자 국내에서 자급하는 것을 목적으로 했기 때문에 일본 정부도 계속해서 비트 재배를 장려했습니

다. 이와 관련하여 여기에서 잠깐 용어에 대해서 설명하겠습니다. 일본어에는 사탕수수를 가리키는 단어로 '감자(일본어 발음은 간샤[かんしゃ] 또는 간쇼[かんしょ]임—역주)'가 있고 비트, 즉 설탕무를 가리키는 단어로는 '첨채甜菜(일본어 발음으로는 덴사이[てんさい]임—역주)'가 있는데 여기에서는 '사탕수수'와 '비트'로 적어두었습니다.

근대 과학기술과 노예 노동의 경쟁

1880년대에는 비트당의 생산량이 드디어 사탕수수당의 생산량을 넘어서게 되었습니다. 그러나 비트 재배는 원래 식민지를 가지지 못했던 프로이센이 어쩔 수 없이 막대한 연구비와 자본을 투입하고 근대 식물학과 농학 기술을 총동원해서 겨우 결실을 맺은 것이었습니다. 이에 비해 카리브해와 남아메리카 플랜테이션은 자연조건이 사탕수수 재배에 적합했습니다. 게다가 노예라는 강제적인 노동력을 투입하여, 다시 말해 노동자에게는 제대로 된 보수를 지불하지 않는 방법으로 생산한 것이었습니다.

말하자면 비트당과 사탕수수당의 경쟁은 산업혁명 이후의 근대 과학기술과 그 이전의 생산 방식 사이에서 벌어진 싸움이기도 했습니다. 후자는 역사학에서 중상주의라고 일컫는 방법으로, 자연조건에는 거역할 수 없는 대신 많은 인간을 희생시키는 방식이었습니다.

이 경쟁의 향방은 처음에는 각국 정부의 강력한 지원을 받은 비트당의 압승처럼 보였습니다. 노예제도는 아무래도 인도주의에 반한다는 인식도 널리 퍼지게 되어 사탕수수당에는 그다지 미래가 없는 것처럼 보였습니다. 설탕의 최대 소비국이었던 영국만 보더라도 19세기 말이 되자 수입 설탕의 75%를 비트당이 차지하게 되었습니다.

이슬람교도와 함께 서방으로 여행을 시작했고 크리스트교도의 손에 의해 남북아메리카에 널리 퍼지게 된 사탕수수당은 200년에 걸쳐 '왕'으로 군림하며 대성공을 거두었으나 이제는 쿠바와 브라질에서 마침내 '세계 상품'으로서의 생애를 마감하는 것처럼 보였습니다.

그러나 이 경쟁은 그렇게 간단하게 끝나지는 않았습니다. 비트당은 정부 지원이 끊기면 경제적으로 굉장히 비용이 많이 든다는 사실도 알게 되었습니다. 반대로 노예제도는 없어졌어도 카리브해와 남아메리카, 하와이의 사탕수수 재배는 인도와 중국, 인도네시아, 일본 등에서 온 이민 노동자를 이용하여 상당한 수준까지 회복하게 되었습니다. 오세아니아와 인도양 등의 새로운 사탕수수 재배지도 생겼기 때문에 전체적으로 보면 사탕수수당이 다시 승리하게 된 것입니다. 최근에는 사탕수수당이 전체의 약 60%를 차지하고 있다고 합니다.

쇠퇴기로 접어든 설탕

그러나 사탕수수당의 적은 다른 곳에 있었습니다. 그것은 비트도, 캐나다의 단풍 설탕도 아닌 지구상의 풍요로운 나라에서 일어난 식생활의 변화였습니다. 예전에는(라고 해도 저의 학생 시절이므로 얼마 지나지 않은 시기입니다만) 설탕 소비량이 한 나라의 문화 수준을 나타내는 척도라고 했습니다. 영양실조에 걸린 일본 아이들이 일본에 주둔하는 아메리카 병사에게 초콜릿을 달라고 조른 것도 그렇게 오래전의 일이 아닙니다.

그러나 경제적으로 풍요로워져 '포식의 시대'가 된 지

금은 아시다시피 유럽과 아메리카는 물론 일본에서도 설탕은 건강과 미용의 적으로 취급받고 있습니다. 슈퍼마켓에서 판매하고 있는 식품에는 그것이 얼마나 칼로리가 낮은지를 이야기하는 선전 문구만 잔뜩 붙어 있습니다. 한 개만 먹으면 300m를 달릴 수 있다고 광고하던 모 회사의 캐러멜도 지금은 한 개를 먹은 후 그만큼 운동을 하지 않으면 살이 찌는 것으로 인식되는 시대가 되었습니다.

물론 한편으로는 이 순간에도 많은 아이들과 어른들이 지구 곳곳에서 영양부족이나 굶주림으로 죽어가고 있으니, 세계 시스템이 어딘가 이상한 것은 분명합니다.

그렇다고는 해도 아메리카를 비롯해 유럽의 여러 나라와 일본과 같은 나라에서는 이른바 '다이어트'에 성공하는 것이야말로 '의지가 강하고' '교양이 있는' 사람의 증거라고 말하는 시대가 되었습니다. 비트당은 고사하고 화학적으로 만들어진 칼로리가 낮은 감미료가 주역이 되어가고 있습니다. 화학 감미료라고 하면 전쟁 때를 어렴풋이 기억하는 사람들은 바로 '둘친'이나 '사카린' 등을 떠올릴 것입니다. 이런 화학 감미료는 오히려 '설탕을 구할 수 없어서 할 수 없이 사용하는' 대용품이었는데 오늘날의 화학 감미료는 설탕보다 칼로리가 낮다는 이점 때문에 사용합니다.

이렇게 보면 설탕의 역사적 사명은 이미 끝나가고 있는지도 모르겠습니다. '세계 상품'이라는 지위도 약간 의심스러워지고 있습니다. 시대적으로 보면, 설탕 다음으로 산업혁명 시대에 압도적인 '세계 상품'이었던 면직물은 화학섬유의 발달로 이미 그 지위를 잃어버린 듯합니다.

세계사를 움직인 설탕

그러나 설탕, 면직물과 그 원료인 목화, 이 모든 것들이 과거에는 세계사를 움직인 원동력으로 찬연하게 빛나던 시절이 있었다는 점을 잊어서는 안 될 것입니다. 왜냐하면 좋든 싫든 우리들이 살고 있는 세계가 설탕과 면직물에 의해 움직이고 만들어진 것임에는 틀림없기 때문입니다.

설탕과 면직물 같은 '세계 상품'은 명과 암의 두 가지 측면에서 우리들의 역사에 영향을 미쳤습니다. 그중에서도 예를 들어 공업의 발달과 같이 인류에게 플러스로

작용한 좋은 측면은 물론 정당하게 평가해야 할 것입니다. 그러나 그 이상으로 '세계 상품'을 둘러싼 쟁탈전이 불러온 마이너스 효과에도 충분히 신경을 써야 합니다. 그것은 밝은 근대사회를 가져오기는 했지만 지금도 지구 곳곳에 심각한 후유증을 남기고 있기 때문입니다.

설탕이 남긴 이런 상처는 카리브해에서도, 아프리카에서도, 유럽 안에서도 얼마든지 찾아볼 수 있습니다. 일찍이 남북아메리카 역사상 첫 독립국이라는 화려한 역사의 한 페이지를 장식했던 아이티가 지금은 세계에서 가장 가난하고 민주주의에서 가장 동떨어진 나라 중 하나가 된 것은 그러한 상처를 상징하는 것이라고 할 수 있습니다.

에필로그
사물을 통해 보는 세계사
─세계사를 어떻게 배워야 하는가?

단풍 설탕 만들기(그랜마 모지스 그림)
애나 메리 로버트슨 모지스(Anna Mary Robertson[grandma] Moses)는 20세기 아메리카의 가장 유명한 농촌 화가. 70대부터 그림 그리기를 시작하여 20년 동안 수많은 작품을 남겼다. 그것은 아메리카의 전원에서 볼 수 있는 관습과 생활을 소박한 터치로 표현한 것들이다.
Grandma Moses: *Maple sugar Orchard.* Copyright ⓒ 1990, Grandma Moses Properties Co., New York

이 책의 목적은 설탕이라는 하나의 물건, 즉 상품을 통해서 근대 세계사를 살펴보고자 한 것입니다. 이런 목적에는 설탕과 차, 면직물이 매우 적합한 상품이지만 이 밖에도 여러 가지 것들이 있습니다. 밀가루와 쌀 같은 기본적인 식량이나 의류 같은 것들, 좀 더 새로운 시대의 경우라면 석유와 자동차 같은 상품을 통해서도 그것의 생산부터 소비까지의 과정을 전체적으로 주의 깊게 살펴봄으로써 세계 역사의 동향을 파악할 수 있습니다.

이렇게 사물을 통해서 역사를 살펴봄으로써 무엇을 알 수 있을까요? 중요한 사실이 두 가지 있습니다. 하나는 각지에 있는 사람들의 구체적인 생활상을 알 수 있다는 것입니다. 사람들이 무엇을 먹고, 무엇을 입고, 어디에서 사는가? 어떤 일을 기쁘다고 여기며 어떤 것에 눈물을 흘리는가? 이런 구체적인 생활상을 알지 못한다면 우리들은 그 시대, 그 지역 사람들에게 공감할 수 없을 것입니다. 역사를 공부하는 중요한 목적 중 하나는 이처럼 공감하는 것이기 때문에 이런 부분이 매우 중요합니다.

게다가 설탕과 같은 물건을 통해서 역사를 바라보면, 정치를 움직였던 상류계급의 사람들보다 오히려 하층민들의 생활이 보이게 됩니다. 설탕으로 말하면, 17세기 상류계급의 티 파티뿐만 아니라 노동자의 티 브레이크(중간 휴식)도 보입니다. 그뿐만 아니라 카리브해 노예들의 생활도 보이게 됩니다. 문화라는 단어가 한때는 유명한 음악가와 화가, 문학자, 그리고 그들의 작품을 가리키는 단어로 사용되었습니다. 그러나 지금은 서민의 생활방식 등을 중심으로 생각하는 것이 오히려 일반적입니다. 세계인이 서로를 이해하기 위해서는 이런 생활 실태나 감정을 아는 것이 무엇보다 중요하기 때문입니다.

사물로 본 역사의 또 다른 특징은 세계적인 연결고리를 한눈에 알 수 있다는 것입니다. 특히 '세계 상품'의 경우에는 말 그대로 세계에서 통용된 상품이므로, 그것의 생산부터 소비까지의 과정을 따라가다 보면 세계 각지의 상호 연결고리가 보이게 됩니다. 설탕은 주로 카리브해 지역에서 생산했으나 생산을 위한 노동력이었던 흑인 노예는 아프리카에서 들여왔고, 생산된 설탕의 대부분은 유럽에서 소비했습니다. 그래서 설탕의 역사는 세 개 대륙을 동시에 보지 않으면 알 수 없습니다.

유럽의 다양한 계층의 사람들이 어떤 목적으로 설탕을 소비했는지도 알아야 합니다. 어떤 사람은 그것이 우아한 사람이라는 것을 드러내는 징표이기 때문에 원했을 수도 있습니다. 어떤 사람은 그것을 마시면 기운이 나기 때문에 필요했을지도 모릅니다. 그런 것을 안다면 유럽 사회의 구조를 구체적으로 파악할 수 있습니다. 그러나 동시에 카리브해 노예들의 생활과 그들이 무엇을 생각했는지도 알아야 합니다. 노예사냥의 대상이 되었던 아프리카의 사정도 이해해야 합니다.

오늘날 세계는 하나라고 모두가 말하지만 그 의미를 정확하게 이해하는 것은 상당히 어렵습니다. 그러나 '세계 상품'의 생산에서 소비까지의 과정을 차분히 따라가다 보면 그 의미를 정확하게 이해할 수 있습니다.

역사학이라는 것은 단순히 옛일을 조사하는 학문이 아닙니다. 지금 있는 세계가 왜 이렇게 되었는가? 이렇게 되기까지 어떤 역사적 변천 과정을 거쳤는가? 그런 사실을 연구하는 것이 역사학입니다. 예로부터 '모든 역사는 현대사다'라고 이야기하는 것도 바로 그런 이유에서입니다.

지금 세계에는 여러 가지 큰 문제가 있습니다. 환경 문제도 그렇습니다. 핵무기와 전쟁 문제도 있습니다. 그러나 또한 일본처럼 '포식의 시대'라고 할 수 있는 사회도 있는가 하면, 매일 몇만 명이나 되는 아이들이 세계 어딘가에서 굶어 죽고 있는 문제도 있습니다. 왜 이처럼 완전히 상반된 상황에 있는 사회가 동시에 이 지구상에 존재하고 있는 것일까요? 설탕은 살이 찐다며 꺼리는 일본인도 있는가 하면, 설탕 가격의 폭락으로 사탕수수의 섬인 필리핀의 네그로스섬에서는 1980년대 중반에 매일같이 아이들이 아사한 일도 있었습니다.

이처럼 믿기 어려울 정도의 '격차' 문제는 예전부터 '남북문제'로 알려져 있었는데 이 문제는 역사적으로 볼 때 어디에서 기인했다고 할 수 있을까요? 지금까지 이 책을 읽은 당신이라면 그런 '격차'가 생겨난 과정을 어느 정도는 이해하셨을 것입니다.

일찍이 역사가는 국가와 국민을 단위로 세계의 역사를 생각해왔습니다. 국민이 성실하게 일하고 낭비하지 않는 국가는 풍요로워졌고, 게으른 사람이 많은 국가는 가난해졌다는 것입니다. 그러나 카리브해 지역에서 다양한 산업이 성립되지 못했던 것은 흑인들이 게을렀기 때문이 아닙니다.

사실은 그 지역이 '세계 상품'이 된 사탕수수 생산에 적합했기 때문에 유럽 사람들이 그곳에 플랜테이션을 만들어 '모노컬처'의 세상으로 만든 것이 큰 원인이었습니다.

카리브해 지역에서 설탕 플랜테이션이 성립된 것과 영국에서 산업혁명이 진행된 것은 동일한 하나의 현상이었습니다. 아메리카 남부의 노예제 목화 플랜테이션이 성립된 것도, 18세기까지는 세계 면 공장의 중심이었던 인도가 목화 플랜테이션을 위한 토지 제공지가 되었던 것도 모두 영국의 산업혁명과 분리해서 생각할 수 없습니다.

물론 역사는 국가를 단위로 해서 생각해볼 수도 있고 좀 더 작은 단위, 예를 들어 주州나 현縣, 마을이나 거리, 가족을 단위로 생각해볼 수도 있습니다. 그뿐만 아니라 개인의 역사도 있을 수 있습니다. 프랑스의 나폴레옹이나 독일 통일에 공헌한 비스마르크 같은 인물을 중심으로 한 역사는 실제로도 여러 번 저술되었습니다. 그러나 지금은 '세계는 하나'이기 때문에 이 책과 마찬가지로 '세계적인 연결고리' 속에서 역사적으로 일어난 각각의 사건과 상황을 살펴보는 것도 매우 중요합니다.

후기

이 책은 '세계 시스템론'이라는 역사에 대한 관점과 역사인류학의 방법을 사용하여 쓴 것입니다. '세계 시스템론'은 아메리카의 이매뉴얼 월러스틴Immanual Wallerstein이라는 학자 등이 중심이 되어 성립된 관점으로, 근대의 세계를 하나로 연결된 것으로 보는 견해입니다. 즉 근대의 세계를 하나의 생물로 간주하여 그 성장이나 발전을 살펴보자는 입장입니다.

한편 역사인류학은 역사에서 드러나는 사람들의 생활 실태를 사물과 습관 등을 통해서 자세히 관찰하고자 하는 학문입니다. 특히 이 책에서 참고한 것은 미국의 인류학자 시드니 민츠Sidney Mintz라는 인물의 저서입니다.

역사에 대한 이 두 가지 관점을 서로 연결하면 근대의 세계적인 움직임을 손바닥 들여다보듯 구체적으로 이해할 수 있으리라 생각했습니다.

역사를 배운다는 것은 연대나 사건, 인명을 많이 외우는 것이 아니라 지금 우리들이 살고 있는 세계가 어떻게 해서 이런 모습이 되었는지를 나와 관련이 있는 부분부터 생각해보는 것입니다.

여러분이 이 책을 읽고 언뜻 보기에 서로 아무런 관련이 없을 것 같은, 세계 각지에 살고 있는 사람들의 생활이 사실은 서로 깊이 얽혀 있다는 것을 이해할 수 있다면 저자로서는 더할 나위 없이 기쁠 것입니다.

1996년 6월 교토부京都府 나가오카쿄시長岡京市에서

가와키타 미노루

역자 후기

본 저서 『설탕으로 보는 세계사』는 제목에서 드러나듯이 '설탕'을 중심으로 세계사를 살펴보는 것이다. 설탕은 너무나 친근하고 누구나 섭취하고 있는 식품이지만 동시에 다이어트와 건강의 적으로 간주되기도 한다. 이러한 설탕으로 세계사를 바라본다는 것이 어떠한 작업인지를 본문을 번역하기 전까지는 제대로 알지 못했다.

그러나 번역을 시작하고 나서 우리가 알고 있는 유럽, 남북아메리카, 아시아, 아프리카의 역사가 이 설탕을 통해서 하나로 연결되고 있다는 점, 나아가 우리가 현재 살고 있는 세계의 시스템이 이 설탕의 역사를 통해서 이루어졌다는 사실을 알고 스스로를 반성하게 되었다. 우리가 이른바 문명국이라고 생각했던 유럽의 문화가 실제로는 다른 대륙을 수탈하고 착취하여 형성되었으며 아프리카와 카리브해, 중남미 국가들의 현재의 빈곤함이 바로 이 역사에서 비롯되었다는 사실을 전혀 인식하고 있지 못했기 때문이다. 예를 들어 카리브해의 영국과 프랑스령 식민지들의 경우, 영국인과 프랑스인은 사탕수수 재배를 위해 대규모의 설탕 플랜테이션을 만들고, 오로지 그것의 생산을 위해 다른 산업이 일절 성장할 수 없는 구조를 만들어버렸다. 심지어 이 설탕 플랜테이션에서 일할 노동자들은 노예사냥으로 아프리카에서 끌려온 흑인들이었다.

아프리카 대륙의 발전이 이루어지기 힘들었던 이유도 한창 일할 나이의 청년들을 모두 노예로 끌고 갔기 때문이었다. 이러한 희생이 유럽, 특히 영국인들의 주머니를 채우는 도구로 사용되었다는 점에 놀라지 않을 수 없었다.

이와 더불어 흥미로웠던 점은 설탕과 결합한 이국적 음료인 홍차, 커피, 초콜릿이 유럽의 새로운 문화를 창출해냈다는 것이다. 우리는 홍차 하면 가장 먼저 영국을 떠올리는데 사실 영국에서는 차나 설탕무를 전혀 재배할 수 없었다. 그럼에도 19세기가 되면 영국의 상류계급은 물론 일반 서민들까지 설탕을 넣은 홍차를 즐길 수 있게 되었고 이것을 중심으로 한 아침 식사가 탄생하였다. 그뿐만 아니라 민주주의의 근간이 되는 정당 체제, 주식 등의 경제에 관한 담론 등도 설탕을 넣은 음료를 파는 커피하우스를 중심으로 발달했다. 이와 같이 현재 우리의 세계를 지탱하고 있는 정치와 경제 시스템의 탄생이 카리브해나 아프리카, 아시아의 희생을 바탕으로 이루어졌다는 점도 아이러니하게 느껴졌다.

저자가 후기에서도 밝히고 있듯이, 역사를 공부한다는 것은 단순히 단편적인 역사적 지식을 알고 외우는 것이 아니라 다른 지역과 그곳의 사람들, 그들의 문화에 공감하는 작업이기도 하다. 이 저서를 통해서 세계 역사의 전체상을 파악하면서 그 속에서 희생된 사람들에게 공감하는 시간을 가져보기 바란다.

2023년 2월 18일
역자 김정희

IWANAMI 081

설탕으로 보는 세계사

초판 1쇄 인쇄 2023년 6월 10일
초판 2쇄 발행 2025년 1월 10일

지은이 : 가와키타 미노루
옮긴이 : 김정희

펴낸이 : 이동섭
편집 : 이민규
디자인 : 조세연
기획·편집 : 송정환, 박소진
영업·마케팅 : 조정훈, 김려홍
e-BOOK : 홍인표, 최정수, 김은혜, 정희철, 김유빈
라이츠 : 서찬웅, 서유림
관리 : 이윤미

㈜에이케이커뮤니케이션즈
등록 1996년 7월 9일(제302-1996-00026호)
주소 : 08513 서울특별시 금천구 디지털로 178, B동 1805호
TEL : 02-702-7963~5 FAX : 0303-3440-2024
http://www.amusementkorea.co.kr

ISBN 979-11-274-6272-7 04900
ISBN 979-11-7024-600-8 04080 (세트)

SATO NO SEKAISHI
by Minoru Kawakita
Copyright © 1996 by Minoru Kawakita
Originally published in 1996 by Iwanami Shoten, Publishers, Tokyo.
This Korean print edition published 2023
by AK Communications, Inc., Seoul
by arrangement with Iwanami Shoten, Publishers, Tokyo